댕댕이 친구들!
이탈리아 여행가개!

목차

프롤로그
아인아, 아이스크림 먹으러 이탈리아 가자 ··· 08

인트로 '견생처음 이탈리아 여행'
안녕하세요, '아인'이라고 해요
댕댕이도 여행을 떠나려면 돈을 모아야지 | 반려견 동반 여행, 얼마나 더 지불해야 할까? | 서류 준비, 꼼꼼하게 부탁드려요 | 항공편 예매와 숙소 예약, 어렵지 않아요 | 댕댕이도 은근히 챙길 짐이 많아요

01. 안녕, 이탈리아
#01 지구 반 바퀴를 돌아 이탈리아로 ··· 34
#02 아인이, 로마에서 힘차게 첫 발을 딛다 ··· 49
#03 오늘부터 시작되는 '로마의 휴일' ··· 58
#04 반려견에게도 축복이 주어진 이곳 ··· 65
#05 행복한 기억으로 채워질 하루 ··· 71

02. 오랜 배려의 도시, 피렌체
#06 이탈리아 사람들의 마음엔 행복을 위한 자리가 있다 ··· 80
#07 "아인이를 만난 당신, 복 받았네요" ··· 87
#08 피렌체는 혐오프리 구역 ··· 92
#09 이탈리아 사람들의 마음에는 쉼표가 있다 ··· 102
#10 공존, 나와 다름을 인정하는 것 ··· 111

03. 피사의 사탑과 해안마을 친퀘테레

#11 "제가 들어가도 될까요?" ··· 120
#12 "피사의 사탑에서 사진 찍은 댕댕이랍니다" ··· 124
#13 "제가 굳게 닫힌 슈퍼마켓 문을 열었어요" ··· 135
#14 여행은 우리를 성장시킨다 ··· 142
#15 반려견은 훌륭한 여행메이트 ··· 151

04. 또 만나요, 이탈리아

#16 '책임감'이라는 행복 자격증 ··· 160
#17 반려견에게 좋은 보호자란? ··· 166
#18 아인이의 발걸음은 명랑한 알레그로, 내 마음은 편안한 아다지오 ··· 174
#19 우리도 서서히 변하고 있다 ··· 182
#20 다시 시작된 일상 ··· 192

에필로그 아인아, 다음 여행은 내친김에 세계일주! ··· 194

부록
반려견 동반 해외여행 체크리스트 ··· 198

소중한 반려견을
하늘로 떠나보낸 모든 사람들에게
이 책을 바칩니다.

2013년 한 반려견이 프란시스 교황에게 축성을 받았다.
시각장애인 라디오 저널리스트 알레산드로 포를라니Alessandro Forlani의
안내견 아시아Asià가 그 주인공이다.
아내와 아이를 위해 축복을 요청한 저널리스트의 부탁에 교황은
그의 가족에게 축복을 내린 뒤 허리를 굽혀 아시아를 쓰다듬으며 말했다.
"당신의 반려견에게도 특별한 축복을."
그것은 전례 없는 일이었다.

프롤로그

아인아,
아이스크림 먹으러
이탈리아 가자

새벽 내내 호기심에 마우스를 눌러대며 기사를 찾아보았다. 너무나 신선한 정보를 접한 탓에 도무지 검색을 멈출 수 없었다. 검색창에 'dogs in italy'라는 키워드를 입력해보니 수없이 많은 개들의 사진과 글이 보였다. '반려견 해수욕장', '반려견 궁전출입', '반려견 아이스크림'과 같은 처음 들어보는 내용의 포스팅을 보면서 마음이 요동치는 듯했다. 반려견과 함께 이탈리아를 여행한 한 외국인의 블로그에 방문에서는 유독 한 문구가 내 마음을 사로잡았다.

"가장 반려견 친화적인 나라most dogfriendly country"

댕댕이 친구들! 이탈리아 여행가개!

이탈리아 사람들의 반려견 사랑은 유럽 내에서도 유명했다. 어디든 반려견 동반이 가능하기에 유럽인들이 자신의 가족인 반려견과 함께 여행하는 이탈리아, 그 가운데 토스카나 지방이 특히 더 그랬다. 개와 함께한 역사가 오래되다 보니 바티칸 박물관의 한쪽 벽면에 개를 형상화한 대리석 조각상이 가득할 정도라고 했다. 어딜 가든 반려견이 환영받고 사랑받아 마땅한 존재인 나라. 반려견을 위한 아이스크림을 만들 정도라니.

그날 밤의 호기심은 어린 시절 기억에서 시작되었다. 사람마다 오랜 시간이 지나도 기억에 남는 것들이 있다. 나의 경우 그중 하나는 모자이크 장식에 그려진 목줄이 채워진 검은 개 그림이었다. 다소 현대적이고 만화 같았던 그 작품의 출처는 생각보다 쉽게 찾아낼 수 있었다. 서기 79년, 약 1900년 전 화산폭발로 화산재에 묻혀버린 폼페이에서 발견된 것이었다. 그 그림 중 하나에는 'CAVE CANEM'이라는 글씨가 새겨져 있었다. 카르페디엠처럼 굉장히 멋진 글귀일 것 같았다. 진리를 탐구하는 학자처럼 경건한 마음으로 한 글자 한 글자를 조심스레 사전에 입력했다. 검색 결과가 창을 밝혔다.

−개 조심−

 의미심장한 문구를 기대했던 터라 절로 웃음이 나왔다. 로마인들에게도 개 조심은 필수였던 걸까? 개와 99퍼센트 이상 유전자가 일치하는 늑대의 젖을 먹고 자란 전설 속 로마 왕국의 설립자 로물루스와 레무스. 그리고 그들의 후손인 이탈리아 사람들. 호기심에서 시작한 검색은 유독 반려견에 친절한 이탈리아에 대한 부러움으로, 그리고 그곳을 가야겠다는 결심으로 이어졌다. 아인이와 트레비 분수에 서서 동전을 던질 수만 있다면……. 생각이 깊어지자 이제 더 이상 꿈으로 남기기가 싫었다.

 아인이 입양 9개월차. 어느덧 나는 '방콕생활'로 접어들었다. 집−공원−애견카페−동반카페만 맴돌다 보니 예전에 비해 활동범위와 만나는 사람이 현저히 줄어들었다. 아인이를 입양하면서 그 무엇과도 비교할 수 없는 행복을 얻은 대신 많은 것을 포기해야만 했다. 친구들과의 약속도 아인이를 홀로 두고 떠날 수 없어 차일피일 미루게 됐다. 아인이와 함께 만날 수 있는 곳도 제한적이라 왠지 모르게 친구들에게 미안해졌다. 그렇게 나는 본의 아니게 '방콕 생활' 9개월차에 접어들며 서서히 단순하고 반복적인 삶에 적응해가고 있었다.

그런 가운데 가장 견디기 어려웠던 것은 여행하기 힘들다는 점이었다. 여행을 좋아하는 탓에 매일 밤마다 인터넷 서핑을 하며 여행지를 바라만 봤다. 아인이를 부모님에게 맡기고 여행한 적이 있지만 매 순간 아인이 걱정에 휴대폰만 쳐다보며 여행에 집중할 수 없었다. 지나다니는 개를 볼 때마다 미안한 마음이 들었고 좋은 곳에 갈 때마다 '아인이와 함께라면 좋았을걸'이라 생각하며 아쉬워했다. 아인이를 두고 여행을 가는 것은 마음을 두고 가는 것과 같았다. 그래서 나는 매일 여행지를 검색하며 입맛만 다셨다. 너무나 가고 싶은 곳이 보이면 다리가 덜덜 떨렸다.

'가장 반려견 친화적인 나라'라는 문구를 읽으며 천천히 기억을 되짚어보았다. 몇 년 전 베네치아에 다녀왔을 때 보호자와 함께 곤돌라에 앉아 햇살을 즐기던 반려견의 행복한 얼굴이 문득 떠올랐다. 공원이든 관광지든 이탈리아에서 반려견은 보호자와 어디든 함께할 수 있었다. 그렇다면, 나도, 아인이도 가보지 못할 이유가 없지 없을까?

그간 이탈리아를 네 번 정도 다녀왔기에, 아인이와 함께하기엔 오히려 낯선 곳보다 나을 것 같았다. '이번 다섯 번째 이탈리아는 유적지 앞에서 함께 식사를 하고, 맛있는 아이스크림도 먹고 광장에서 아인이와 함께 시간을 보내면 좋겠지?'

  우리는 사랑을 하면 보고 싶고 좋은 것을 나누고 싶다. 그래서 함께 여행을 떠나 추억을 만들어나간다. 사랑하는 나의 가족인 아인이와 함께 여행을 떠나고 싶은 마음은 지극히 당연했다. 그게 어디든 말이다. 새로운 풍경과 냄새를 이 녀석은 어떻게 받아들일까? 아인이와 함께하는 여행은 내게 큰 도전이지만 함께할 수 있기에 분명 행복한 추억이 될 거라는 확신이 들었다.

"아인아, 우리 이탈리아에 가는 거야!"

강채희 · 아인이

인트로

'견생처음 이탈리아 여행'

이번 여행만큼은 아인이와 무조건 함께하고 싶었다. 아인이를 누군가에게 남겨두고 떠난다면 여행을 하면서도 마음이 편치 않을 게 뻔했다. 호텔에 맡겼던 반려견이 사망하거나 다쳤다는 사고 소식도 간간이 들어왔던 터라 호텔링 서비스 업체에 맡기기엔 불안한 데다, 호텔에 맡겨진 반려견은 보호자가 여행을 갔다는 인식을 하지 못한다. 반려견은 보호자를 잃어버렸다는 슬픈 생각으로 호텔에서 온종일 보호자를 기다리며 우울한 시간을 보낸다. 자신의 즐거움을 위해 반려견이 희생된다는 것을 알기에 보호자도 죄책감으로 즐

거운 여행을 할 수 없다. 결정적으로 보호자는 여행을 떠나기 전 반려견 동반 해외여행 비용과 호텔링 비용을 두고 저울질해야 하는데 전자는 '만족스러운 지출'이지만 후자는 '어쩔 수 없는 지출'인 셈이다. 나의 경우엔 '반려견과 함께할 수 있다는 사실'만으로도 전자에 훨씬 높은 점수를 매기고 있었다.

"아인아,
나는 너와 함께하는 데 투자하기로 마음먹었어."

안녕하세요,
'아인'이라고 해요

제 이름은 강아인입니다.

'아인'이라는 이름은 영문으로 EIN, '아인슈타인'을 줄인 이름이에요. 제가 똑똑하게 자라길 바라는 엄마가 지어준 거예요. 슬픈 과거를 잊고 강하게 자라라는 의미에서 '강아인'으로 불리기도 해요.

저는 제가 언제, 어디에서 태어났는지 몰라요. 제 이가 마지막으로 간질간질 흔들릴 무렵인 어느 해 5월, 위험한 고가도로에서 배회하는 저를 발견한 학생들이 애견카페로 데려갔어요. 카페 사장님은 저를 잃어버려 슬퍼하고 있을지 모르는 가족을 찾으려 애쓰셨지만 기다리고 기다려도 그들은 끝내 오지 않았어요.

'내게도 가족이 생길까?'

카페 사장님은 새로운 가족을 찾아주려고 애쓰셨어요. 사실 지금까지 제겐 정말 많은 가족이 있었지만 알 수 없는 이유로 저는 결국 그들과 헤어져야만 했어요. 지금의 엄마를 만날 때까지 누구와 어떤 삶을 살아왔는지는 그냥 제 마음속에만 남겨두기로 할게요.

엄마를 만나면서 저에게 새로운 삶이 시작됐어요. 매일 아침 산책하면서 친구도 생겼고 설레는 데이트도 해봤어요. 이제 전 제 과거를 잊고 힘차게 나아가고 싶어요.

엄마는 언제나 저를 행복하게 해주기 위해 재미난 일을 벌이곤 해요. 이번에는 이탈리아 여행이라고 하는데 그곳이 어딘지 아세요? 제가 잘 할 수 있겠죠?

견생처음 이탈리아 여행, 앞으로 제 여행 이야기 잘 지켜봐주세요. 🐾

댕댕이도 여행을 떠나려면 돈을 모아야지

항공료 왕복 40만 원, 검사 및 서류발급에 필요한 비용 16만 원 그리고 또……?

여행을 위해 몇 달간 소소한 지출을 아껴가며 예산을 모았지만, 아인이를 데려간다고 해서 사실 엄청나게 많은 비용이 추가되는 것은 아니었다. 반려견을 국내 호텔에 맡겼을 경우와 비교해보아도, 여행에서 느끼게 될 미안함과 걱정 리스트를 따져본다면 오히려 '함께 여행을 떠나는 것'이 훨씬 가심비가 높은 초이스인 셈이다.

댕댕이 친구들! 이탈리아 여행가개!

반려견 동반 여행, 얼마나 더 지불해야 할까?

반려견 항공권	아인이와의 동반 비행을 위해 지출해야 하는 요금은 편도로 약 20만 원, 왕복 40만 원 꼴이다. 요금은 환율과 운행구간에 따라 달라진다.
검역 서류발급	서류발급을 위해 필요한 광견병 항체 검사를 하고 필요서류 (국/영문 건강검진 서류)를 발급받는 데 총 15만 원 정도. 검역소에서 검역서류 처리 비용으로 1만 원을 결제해야 하니 총 16만 원이 들었다. (병원마다 비용이 다르다)
숙박비	반려견에 친절한 이탈리아이기에 반려견 동반 숙소가 많다. 추가요금이 있는 숙소도 있으니 잘 살펴본 뒤 선택하도록 하자.

아인이의 여행을 위해 필요한 고정 비용은 56만 원 정도였다. 예산 계획을 세우다 보니 여행 기간이 길어질수록 반려견과 함께 여행하는 것이 반려견을 두고 여행하는 것보다 비용 면에서 유리할 것이라는 계산이 나왔다. 반려견 호텔링 비용은 여행 기간이 길어질수록 증가하지만, 반려견 동반 여행의 경우 비용은 더 발생할 것이 없기 때문이다.

서류 준비, 꼼꼼하게 부탁드려요

　서류를 준비하면서 가장 어려운 점은 '정보 부족'이었다. 반려견과 함께 해외에 나가면서 직접 서류를 작성한 사람들의 정보를 찾아보기 어려웠기 때문이다. 우선 출국지와 도착지의 동물 반입 요건에 대해 조사해야 했다. 별도의 규정을 두고 있는 국가나 사전허가를 받아야 하는 국가가 있기 때문이다. 그래서 나는 대한민국의 동물 반입 출입국 요건과 이탈리아 측의 출입국 요건을 정확히 알아봐야 했다.

　한국 검역소 측에 자세히 문의를 했는데, 원칙적으로는 먼저 해당국의 규정을 살피고 문의하는 것이 안전하지만 EU국가는 별도의 허가가 필요하지 않다고 한다. EU에 속하는 이탈리아 역시 별도의 규정이 없을 것으로 판단했지만 돌다리도 두드려보고 건너야 하는 법이다. 이탈리아 검역 정보가 게재된 웹사이트의 규정을 이 잡듯 뒤졌다. 결국 이탈리아는 따로 해당 국가 검역소에 사전허가를 받아야 한다는 지시사항은 찾아볼 수 없었다. 입국지 정보를 확인한 나는 이제 검역에 필요한 서류를 준비하기 시작했다.

　모든 서류에는 반려견에 대한 정보가 기입돼야 한다. 먼저 동물등록이 되어 있어야 하고, 국제규격에 맞는 마이크로칩이 몸 안에 삽입되어 있어야 한다. 아인이를 입양함과 동시에 이미 칩을 삽입했기에 바로 광견병 예방접종과 함께 서류 준비를 시작했다. 그리고 30일이 경과한 뒤 광견병 항체 검사를 위한 채혈을 진행했다. 채혈결과는 2-3주 내로 받아볼 수 있지만 채혈한 뒤 90일이 지나야만 EU 부속서류를 작성할 수 있고 출국할 수 있어 예정 출국일로부터 몇달 전부터 광견병 예방접종과 광견병 항체가 검사를 실시해야 한다. EU 부속서류와 건강검진서는 작성일자로부터 10일간 유효하므로 출국 10일 이내에 작성하면 된다. 채혈 후 2주가 경과한 뒤 결과서를 받아보았고, 항체가 생성된 것을 확인하고는 바로 여행을 위한 준비에 돌입했다. 서류를 준비하기 위해선 적어도 6개월 전부터 시작하는 것이 좋다.

여행을 떠나기 위해 반드시 준비해야 하는 서류는 총 3가지다.
1. 광견병 항체가 검사 증명서
2. 영문/국문으로 작성된 건강검진서
3. 영문으로 된 EU 부속서류

항공편 예매와 숙소 예약, 어렵지 않아요

"생각보다 비싸지 않아요"

의외로 항공편 예약은 간단했다. 단, 기체당 반입 가능한 반려견의 수가 제한되어 있다. 먼저 원하는 날짜나 가격의 항공편을 선택해 항공사 측에 연락을 취해 항공편에 반려견 동반이 가능한지 문의를 한 뒤 예매를 하면 된다. 예매를 한 뒤 항공사에 연락을 취해 반려견 동반을 신청하고 24시간이 경과한 뒤 반려견 동반 사실을 재차 확인하면 된다. 요금은 편도로 약 20만 원 정도. 출국 당일 지불하면 된다.

"숙소는 무조건 접근성이지"

대부분의 시간을 숙소 밖에서 보낼 생각이었기에 숙소 선택은 어렵지 않았다. 내게 중요한 것은 반려견 동반 가능 여부, 접근성 그리고 가격이었다.

자주 이용하는 애플리케이션을 이용해 '반려견 동반' 조건을 설정했더니 몇몇 숙소가 보였다. 그 가운데 나는 시내에 있는 비교적 저렴한 숙소를 선택했다. 사람마다 숙소를 선택하는 기준이 다르고 예산이 다르기 때문에 어떤 숙소가 가장 좋다고 단정 지을 수는 없다. 하지만 나의 경우 짐이 많을 때 역이나 관광지까지의 이동시간이 길어지면 금세 지쳐버리기에 반려견과 함께할 때도 숙소가 최대한 접근성이 좋은 시내에 있어야 한다고 생각했다.

댕댕이도 은근히 챙길 짐이 많아요

건강한 여행을 위한 먹을거리를 준비해요

사료: 여행을 하려면 잘 먹어야 해요. 매일 먹는 사료를 넉넉하게 준비했어요.
간식: 육가공품은 다른 나라에 반입이 안 된다 해서 엄마가 고민을 많이 했어요. 그래서 그 대신 제가 가장 잘 먹는 딸기와 블루베리 우유껌을 준비했어요.
영양제: 많이 걸을 것을 대비해 관절 영양제를 준비했어요.

저도 가방이 필요해요

대중교통을 이용하거나 기내에 반입할 때 규격에 맞는 반려견 이동가방이 필요해요. 엄마는 제가 편히 누울 수 있도록 기내 규격에 맞고 확장이 가능한 큰 가방과, 평소에 사용하던 대중교통 탑승 규격에 맞는 가방을 준비했어요.

여행 내내 상쾌하게

외출을 하고 실내에 들어와 흙먼지를 닦아내기 위해 빗과 미스트, 제 전용 수건을 준비했어요. 목욕이 필요할 땐 여행 중에 제 전용 샴푸를 구입할 예정이에요.

건강을 고려한 패션

여행 시에는 평소보다 옷차림이 매우 중요해요. 기온 변화가 생겨서 감기라도 걸리면 큰일이잖아요. 또 외부로부터 받을 수 있는 상처를 막기 위해 몸을 한 번 감싸서 보호해주는 것이 좋아요. 그래서 티셔츠 세 장과 두꺼운 조끼 한 장, 그리고 우의 한 장을 챙겼지요. 해변에서 기념사진을 남겨야 하니 선글라스도 챙겼어요.

미아방지는 해야죠

제 이름과 동물등록번호, 보호자의 연락처가 적힌 목걸이와 인식표, 목수건을 준비했어요.

배변패드와 매너벨트(수컷용 기저귀) 그리고 배변봉투

숙소에서 사용할 배변패드와 외부에서 사용하기 위해 배변봉투를 준비했어요.

반려견 신분증

저 노란 파일에 있는 세 종류의 서류를 검역소에 제출해야만 받을 수 있어요. 그건 엄마가 나중에 자세히 설명해주실 거예요.(광견병 항체가 검사 증명서, EU 부속서류, 건강검진서)

생명줄과 같은 리드줄

우리는 목줄을 해야 해요. 목줄은 생명줄과 다름이 없어요. 놓치면 다칠 수도 있고 가족을 잃어버릴 수도 있어요. 여행 중에 그런 일이 일어나면 큰일 나잖아요. 물에 젖을 수도 있으니 여벌을 준비해 갔어요.

상비약

환경/기온변화로 인해 걸릴 수있는 감기, 설사를 대비해 감기약과 설사약을 준비했어요.

반려견 동반 해외여행 십계명

1. 반려견이 함께 여행할 수 있는지 냉정히 판단하자. 반려견의 건강과 교육 여부는 여행을 하는 데 있어 여행의 질을 좌우한다. 특히 기내에서 차분히 있도록 교육이 되어 있는지 냉정히 판단해야 한다.
2. 반드시 언어가 통하는 여행지여야 한다. 반려견에게 문제가 생겼을 경우 소통이 가능해야 한다.
3. 검역서류는 반려견의 신분증이다. 오차 없이 꼼꼼히 준비하고 보호자 스스로 내용을 꿰고 있어야 한다. 절대 잃어버려선 안 된다.
4. 건강이 가장 중요하다. 반려견과 보호자의 건강과 체력이 중요하다는 사실을 잊지 말자.
5. 여행하는 동안 반려동물의 의사를 존중하자. 반려견도 소중한 동행이다. 건강에 이상은 없는지 힘들지 않은지 배가 고프지 않은지 유심히 살펴보자.

6. 무리한 일정을 계획하지 않는다. 다시 올 수 있다는 마음으로 계획을 세워 반려견 여행메이트를 배려하도록 하자.
7. 가급적이면 가본 곳을 여행하자. 반려견과 함께하는 여행은 리스크가 적을수록 좋다. 한 번이라도 가본 곳을 여행한다면 여행에 대한 부담을 줄일 수 있다.
8. 포기하는 것도 있어야 한다. 반려견과 함께 모든 것을 할 수 없다는 것에 실망하지 말자. 잃는 것이 있다면 얻는 것이 반드시 있다.
9. 매너를 지키자. 우리는 출국하는 순간 대한민국 반려동물의 보호자임을 잊지 말자. 한 번의 행동이 우리를 규정지을 수 있다. 목줄을 착용하고 반드시 배변을 치우자.
10. 반려견과 함께하는 시간에 감사하며 충실하자. 그 시간은 24시간 동안 함께할 수 있는 소중한 시간이다. 그 시간을 마음껏 즐기자.

반려견 동반 이탈리아 여행 버킷리스트

#01 함께 젤라또 맛보기

#02 콜로세움 앞에서 사진 찍기

#03 이른 새벽 두오모 성당 앞에서 기도하기

#04 트레비 분수에서 행운의 동전 함께 던지기

#05 식품점에 가보기

#06 백화점에 들러 쇼핑하기

#07 바다에서 일광욕 및 수영하기

#08 피사의 사탑에서 재미있는 사진 찍기

#09 아인이와 첫 트레킹하기

#10 건강히 귀국하기

01.
안녕, 이탈리아

밤새 심장이 두근거렸다. 잠이 통 오지 않아 늦은 밤 다시 캐리어 가방을 열었다 닫았다. 몇 가지 물건을 꺼내보고 과연 이것이 필요한 것인지 스스로에게 되물으며 혼자 분주히 넣었다 꺼내기를 반복했다.
내 욕심에 이 작은 아이가 고생하는 것은 아닐까? 묶어두었던 걱정이 폭발하듯 솟아올라 밤새 뒤척였다.
아인이와 떠나는 첫 여행, 그것도 멀고도 먼 이탈리아. 우리는 서로에게 어떤 동행이 되어줄까?
'모든 게 잘 될 거야. 아인아! 이번 여행 잘 부탁해!'

#01
지구 반 바퀴를 돌아 이탈리아로

우리나라에 장거리 비행을 해본 견공은 몇이나 될까? 장거리 비행을 하려니 반려견의 화장실과 식사 문제가 가장 골칫거리였다. 장시간의 비행 중에도 아인이를 배고프게 할 수는 없어서 고민을 거듭한 끝에 주변인들의 지혜를 모아 답을 얻었다.

여행 전날 밤, 제대로 된 마지막 식사이기에 아인이가 특별히 좋아하는 간식과 사료, 그리고 보양식인 닭발묵을 주었다. 여행을 하려면 힘들 거란 생각에 맛있는 것을 조금 더 주고 싶었지만 평소대로 주었다.

여행 첫 날, 우리의 하루는 새벽 5시에 시작됐다. 아인이는 날이 채 밝지도 않았는데 일어난 나를 보며 눈을 동그랗게 뜬 채로 일어나야 할지 말지 눈치를 보다가 '산책'이라는 단어를 듣자마자 이불을 박차고 뛰어나와 빙글빙글 돌았다. 나는 출발 전 산책을 하며 아인이의 배변을 해결했다. 소변 때문에 아침에 물도 주지 말라는 이야기가 있었지만, 너무 고통스러울 것 같아 아침에 꿀물을 주었다. 공복이더라도 기운이 떨어지지 않게 하고, 공항에 도착한 뒤 밖에서 소변을 보게 할 생각이었다. 아인이는 꿀물이 담긴 그릇을 싹 비웠다.

"아인아, 우리 이제 출발하는 거야!"

공항리무진버스에 탑승하니 낯선 상황에 어리둥절했는지 아인이는 닫힌 지퍼 틈을 비집고 나와 머리를 내밀어 상황을 관찰하려 했다. 하지만 그것도 잠시뿐이었다. 잠시 머리를 내밀어보려고 노력하다가 큰 흥미를 느끼지 못했는지 다시 이동가방에 들어가 잠을 청했다. 버스는 쉬지 않고 공항으로 달렸다. 공항에 도착하자마자 아인이는 이 새로운 상황을 놓치지 않으려는 듯 가방 밖으로 고개를 내밀고 관찰했다. 아인이의 코가 쉴 새 없이 씰룩였다.

우리는 먼저 검역소에 들렀다. 외딴 곳에 있을 거라 생각했던 검역소는 언제나 출국할 때 지나치는 곳에 위치해 있었다. 출국할 때마다 지나쳤음에도 그곳에 검역소가 있다는 것을 눈치 채지 못했다. 마치 해리포터의 9¾승강장을 찾은

댕댕이 친구들! 이탈리아 여행가개!

느낌이라고 해야 할까?

"검역서류 발급받으러 왔어요."

약간 긴장되는 마음을 안고 검역소 안으로 들어섰다. 사무실에 들어서니 또 다른 반려견과 보호자가 소파에 앉아 밝은 표정으로 대기하는 것이 보였다. 이들은 어디로 함께 가는 것일까? 나는 광견병 항체 검사 증명서와 건강진단서, 그리고 영문으로 된 EU 부속서류를 제출하고 검역관이 서류를 확인하는 동안 조용히 대기했다. 긴장된 탓에 침을 꼴깍꼴깍 삼켰다. 기다리는 동안 검역관이 내가 준비한 서류를 꼼꼼히 살펴보다가도 가방 밖으로 얼굴을 빼꼼 내밀고 있는 아인이를 보며 미소 지었다. 잠시 후 검역관이 아인이 목 뒤에 삽입된 마이크로칩을 인식하고 아인이의 성별을 확인하기 위해 다가왔다. '삑' 하는 소리와 함께 아인이의 목 뒤에 있는 마이크로칩이 인식되었다. 불현듯 아인이와의 첫 만남이 떠올랐다.

"여러 번 파양을 당해 상처가 많은 아이입니다. 신중하게 생각해보고 결정해주세요."

2017년 8월. 아인이와의 첫 만남은 더운 여름, 애견카페에서 시작되었다.

"저 아이에요."

나는 카페 직원이 가리키는 쪽을 바라보았다. 그 작은 강아지는 기저귀를 차고 하염없이 창밖을 바라보고 있었는데, 창밖을 보는 작은 어깨와 뒤통수가 너무나 왜소하고 고독해 보였다. 많이 울었던 탓인지 눈에는 짙은 눈물자국이 선명했고 사람들의 손길을 피해 창가 의자 밑으로 자꾸만 몸을 숨기려 했다. 누구를 기다리고 있는 것이었을까?

몇 년간 유기견 입양을 희망했지만 연이 닿지 않아서였는지 언제나 한 발 늦은 뒤였다. 그런데 아인이가 내 눈 앞에 있었다. 사람들에게 등을 돌리고, 나와도 오래 마주하지 않았지만 나는 이미 아인이가 더 이상 눈물을 흘리지 않도록 행복하게 해주겠다고 굳게 마음먹은 터였다. 오랜 시간을 지켜보다가 아인이가 많이 지쳐 있다는 것을 깨달았다. 더 이상 고민할 필요도, 지체할 필요도 없었다. 약속한 대로 다음날 바로 병원에 동물등록과 예방접종을 하러 갔다. 마이크로칩을 삽입한 뒤 나는 아인이를 조용히 쓰다듬었다. 아인이의 목에 삽입된 마이크로칩은 이 아이를 평생 책임지겠다는 다짐과도 같았다.

"남아 맞죠?"

마이크로칩을 확인한 검역관은 아인이의 성별을 재차 확인하며 EU 부속서류에 스탬프를 찍어주었다. 그리고 동물검역증명서 원본과 사본을 발급해주었다. 검역관은 이 두 서류가 아인이의 신분증과 다름없으므로 잃어버리지 말아야한다고 신신당부했는데, 그 말에 또다시 초조해지기 시작했다. 드러내지 않으려 했던 내 조바심을 읽었는지 검역관은 서류를 한 부 더 복사해주었다. 서류 한 부를 더 받아드니 왠지 마음이 조금 안정됐다.

항공 체크인

서류를 받아든 뒤 가벼운 발걸음으로 항공사 체크인 카운터로 향했다. 검역증명서와 도장이 찍힌 EU 부속서류 그리고 여권을 제출했다. 항공사에서는 아인이에 대한 정보를 적는 문서와 반려견을 가방 밖으로 꺼내지 않겠다는 서약서를 주었고 나는 착실히 그 문서를 작성한 뒤 서명을 했다.

하루 전, 여느 때와 같이 온라인체크인으로 좌석지정을 하려고 했지만 반려견을 동반했기 때문에 온라인체크인이 불가능했고 항공사에서 배정해주는 좌석에 착석해야 했다. 좌석지정 방식을 문의해보니, 우선 반려견 동반 좌석을 항공사에서 지정하면 그 옆자리를 제외한 좌석을 다른 승객들에게 우선적으로 제공하고, 만석이 될 경우 옆자리에 타게 될 다른 승객에게 양해를 구한다고 했다. 처음에는 좌석을 선택할 수 없어 아쉽고 걱정됐지만 어찌 보면 타인의 불편을 최소화하기 위해 항공사가 지정해준 좌석이 나와 반려견에게 가장 편한 좌석일 거라는 생각이 들었다. 다행히 탑승자가 많지 않아 편히 갈 수 있을 것이라는 직원의 말에 안도했다. 항공사가 다른 승객의 불편을 최소화하고 반려견을 동반한 승객이 마음 편히 갈 수 있도록 최대한 배려하는 것 같았다. 나도 규정을 반드시 지켜 다른 승객에게 피해를 주지 말아야겠다는 생각이 들었다.

'탑승자에게 반려견에 대한 좋은 이미지를 심어줘야지.' 부디 아인이도 엄마의 이런 간절한 마음을 알아주고 차분히 있어주길 바랄 뿐이었다.

카운터에서 서류작성을 마치고 아인이와 이동가방의 무게를 측정하기 위해 저울에 올려두었는데, 갑자기 아인이가 경계하며 짖기 시작했다. 큰 기계음이 들려 놀란 탓이었다. 식은땀이 났다. 내가 괜한 민폐를 끼치는 것은 아닐지 걱정되는 순간 옆 카운터에서 날카로운 목소리가 들렸다.

"어딜 개새끼가 짖어!"

티켓과 여권을 챙기느라 정신이 없는 데다 당황한 나머지 아무런 생각이 나지 않았고 죄를 지은 것처럼 얼굴이 화끈거렸다. '아인이가 문제견일까?', '내가 잘못된 선택을 한 것일까?', '내 결심 때문에 다른 사람들에게 민폐를 끼치는 것일까?', '여행을 해도 되는 걸까?' 짧은 시간에 수많은 생각들이 스쳤고 손에 힘이 빠졌다. 고개를 푹 숙인 채 나는 그대로 움직일 수 없었다.

'그만둘까……?'

설움이 밀려왔다. 빨리 아인이를 진정시켜야 했지만 나도 그 고함소리에 당황한 나머지 어떻게 해야 할지 몰랐다. 그때 직원이 기계 소리를 반려견이 두려워하기 때문에 조금 떨어트려 놓으면 짖지 않을 거라며 어쩔 줄 몰라 하는 나를 안심시켰다. 아인이를 기계에서 멀리 떨어트려 놓으니 거짓말처럼 더 이상 짖지 않았다. 그때가 아인이가 한국과 이탈리아 공항을 통틀어서 처음이자 마지막으로 짖었던 순간이었다.

출국심사

탑승 수속과 추가 비용 지불을 마친 뒤 나는 항공권을 발급받아 아인이와 함께 출국장으로 향했다. 출국심사는 별다를 것이 없었다. 짐을 검색대에 올려둔 채 반려견은 직접 안고 센서를 통과하고 자동출입국심사대를 통과했다. 아인이를 안고 검색대를 통과하자 사람들이 일제히 우리를 쳐다봤다. 반려견과 함께 출국하는 모습이 신기했던 것 같다. 더 이상 짖지 않고 잘 따라와주는 아인이가 대견했다.

평소라면 출국 수속을 마친 다음 면세품들이 눈에 들어왔겠지만 이번만은 내가 책임져야 하는 녀석이 있기에 다른 것에 신경 쓸 여력이 전혀 없었다. 공항에서 반려견을 가방에 넣고 다녀야 한다고 안내를 받았기 때문에 아인이를 걷게 할 수 없었다. 우선 재빨리 화장실에 들어가 배변시트를 깔고 아인이가 배변을 할 때까지 기다려보기로 했지만 '왜 우리가 여기에 있죠?' 하는 표정을 지어 보이며 내게 안기려 했다. 결국 다시 기저귀를 채워 가방에 앉혔다. 제발 기내에서는 아무 일이 없기만을 바랄 뿐이었다.

출국 전 아인이와 카페에 자리를 잡고 탑승 시간을 기다렸다. 사람들은 아인이가 비행기를 탄다는 것을 신기해하는 눈치였다. 반려견도 비행기 탑승이 가능한지 몰랐다며 내 옆자리에 앉아 가는지, 어딜 가는지 묻는 사람도 있었다. '장시간 비행은 힘들 것이다', '개가 짖을 것이다', '다른 승객이 싫어할 것이다', '개는 집에 있어야지'라며 그 짧은 시간에 잔소리를 늘어놓는 사람도 있었다. 하지만 그런 말들에 크게 흔들

리지 않았다. 아직 해보지 않은 데다, 말하는 사람조차 겪어 보지 못한 일을 미리 걱정할 필요도 없었다. 사실 그 말들이 딱히 와 닿지도 들리지도 않았다. 가장 우려했던 검역절차를 마치고 아주 조금 들뜬 기분을 만끽하는 중이었으니까. 왠지 모르게 아인이가 여행을 잘 해낼 것이라는 믿음이 생겼다. 내가 걱정했던 가장 큰 일은 검역이었으니까.

우리는 게이트에서 조금 떨어져 사람이 많지 않은 곳으로 이동했다. 12시간 정도 가방 안에만 있으려면 답답할 테니 미리 고개를 빼고 밖을 많이 볼 수 있도록 했다. 이른 아침부터 하루를 시작해서 피곤했는지 아인이는 가방 밖으로 고개를 내민 채 끔뻑끔뻑 눈을 감았다 떴다 반복했다.

드디어, 탑승 성공

지루한 대기시간이 지나고 기다리고 기다리던 탑승이 시작되었다. 나는 도토리를 집어 나무 위로 도망치는 다람쥐처럼 재빠르게 좌석을 찾아간 뒤 아인이의 기내가방을 내 좌석 발밑에 쏘옥 넣었다. 이 모든 일들은 순식간에 완료됐다. 가방 안 아인이의 휘둥그레진 까만 눈이 나를 향하고 있었다. 미리 아인이의 가방을 확장해주고 싶었지만 내 옆자리에 혹시나 누가 올지 몰라 이륙할 때까지 기다리기로 했다. 나

는 대기실에서 면접을 기다리는 면접자처럼 경직된 자세로 자리에 앉아 있었다. 내 좌석 쪽으로 걸어오는 사람들이 보일 때면 '제발 내 옆자리가 아니길', '누가 오더라도 알레르기가 없고 강아지를 좋아하는 사람이길'이라고 마음속으로 간절히 기도했다. 사람들의 발걸음이 내 앞에서 느려질 때마다 심장이 두근댔다.

  승객들이 하나둘씩 착석했고 다행히 내 옆 두 자리에는 끝내 아무도 앉지 않았다. 나는 외부 소음이나 불빛으로부터 떨어진 창가 자리 밑으로 이동가방을 옮겼다. 사람이 지나갈 때 한 번이라도 짖거나 소리를 낸다면 싫어할 수 있으니까. 가방에서 까만 콩 두 개가 나를 열심히 쳐다보는 것이 보였다. 마음 같아선 품에 안아들고 싶었지만 꾹 참고 가방 안에 손을 넣어 쓰다듬은 뒤 재빨리 가방을 잠갔다.

"미안해, 조금만 참아줘!"

비행기가 천천히 이륙을 준비하며 출발선에 멈춰 섰다. 두근대는 순간. 바퀴의 마찰이 만들어내는 폭발적 굉음이 시작되었다. 이 작은 녀석에게는 바퀴의 마찰음과 몸이 공중에 뜨는 느낌이 드는 이륙의 순간이 충격적일 수 있을 거란 생각에 마음이 조마조마했다. 나는 아인이를 살피며 마음속으로 '부디 잘 참아줘', '너는 잘 할 수 있을 거야'라고 되뇌었다. 몸이 공중에 부웅 뜨는 느낌이 드는 순간부터 가슴이 벅차올랐다.

'잘 다녀올게요.'

이륙을 하는 동안 걱정이 된 나머지 아인이를 유심히 지켜봤는데 우려와는 달리 휘둥그레진 까만 콩을 끔뻑거리며 가방에 차분히 앉아 상황을 관찰할 뿐이었다. 기체가 안정된 뒤 이동가방을 조심스레 확장했다. 가방을 확장하면서 아인이가 나오고 싶어 하는 것을 느꼈지만 간식을 넣어주니 조용히 다시 가방 깊숙이 들어갔다. 아인이는 확장된 가방에서 편안하게 네 발 뻗고 누운 채로 비행시간을 보냈다.

내가 너무 고지식한 걸까? 문득 온라인에서 보았던 사진이 떠올랐다. 기내에서 반려견을 무릎에 앉히고 찍은 기념사진이었다. 함께 기내에 탑승해 어딘가로 떠난다는 사실에 설렌 나머지 추억을 간직하고 싶어 사진을 찍었을 거라 짐작은 되었다. 하지만 나는 그런 딱 한 번의 행동이 타인에게는 반려견과 보호자에 대한 선입견을 심어줄 수 있다는 생각이 들었다. 게다가 비행 중에 반려견을 이동가방에서 빼는 것이 반려견의 비행스트레스를 줄여주는 데 큰 도움이 되지 않을 듯했다. 답답해하지 않도록 확장형 이동가방을 준비했기에 이동가방을 앞뒤로 모두 확장하되, 절대 얼굴을 내밀게 하지는 않았다. 한두 번 밖을 보면 더 나오고 싶어 할 것 같았기 때문이다. 그래서 항공사 규정대로, 그리고 서약한 대로 이동가방 밖으로 나오게 하지 않았고 외부를 경계하지 않고 편히 갈 수 있도록 이동가방을 옷으로 덮어줬다.

주변 사람들은 강아지가 비행기에 탑승했다는 것을 모르는 듯했다. 탑승하는 것을 본 사람들도 있었지만, 어느덧 아인이의 존재를 잊은 모양이었다. 강아지가 비행기를 타면 시끄러울 것이라는 선입견이 깨지는 순간이었다.

아인이의 기내 적응기

이동가방에 있더라도 교감은 필요했다. 아인이가 혹시 목마르지 않을지, 멀미하지 않을지, 배고프지는 않을지 걱정이 되어 수시로 확인했다. 소변 때문에 아인이가 갈증을 느끼게 할 수는 없었다. 승무원에게 얼음을 요청해, 이동가방 안에 넣어주었다. 천천히 수분을 섭취하게 할 생각이었다. 사료를 조금씩 넣어줄 때마다 느껴지는 아인이의 적극적인 움직임이 나를 안심시켰다. 아인이는 우드스틱과 얼음을 번갈아 가며 입에 물고 굴리며 이동가방 안에서 휴식을 취했다. '개가 비행기를 타면 스트레스를 받는다', '비행기에서 짖는다'는 확인되지 않은 소문 때문에 과도한 걱정에 사로잡힐 필요가 없었다. 지루한 비행시간 동안 아인이는 내내 보채지 않고 편안히 잠을 청했다. 그간 분리불안과 켄넬 교육이 빛을 발한 것 같아 기뻤다.

  반면 나는 잠을 이룰 수 없었다. 이런저런 걱정 때문에 아무것도 먹지 못하고 불면의 비행을 하다 이탈리아에 도착했다. 살면서 가장 길게 느껴지는 비행이었다. 도착한 뒤 나는 기내에서 잠을 자지 않고 식사를 하지 않은 것을 뼈저리게 후회했다.

사람들은 제가 비행기에서 짖을 거라 했는데 저는 기내용 가방에 누워 편안히 잠을 청했어요. 아무도 제가 있는 줄 모르더군요. 댕댕이들이 무조건 짖을 것이라는 건 선입견인 것 같아요. 훈련된 댕댕이들도 있어요.

댕댕이 친구들! 이탈리아 여행가개!

#02
아인이,
로마에서 힘차게 첫 발을 딛다

12시간의 비행 후 이탈리아에 도착해 창밖을 살피니 걱정이 앞섰다. 창밖 로마의 하늘에는 구름이 땅바닥으로 내려와도 이상할 것 같지 않을 정도로 짙게 끼어 있었기 때문이다. 그래도 일기예보상으로는 로마에 머물 기간 동안 비가 오지 않는다고 해 안도했다.

비행기에서 내리자마자 이동가방을 살짝 열어주었다. 기다렸다는 듯이 아인이가 '뽕' 하고 얼굴을 내밀고 기지개를 켰다. 승객들이 일제히 아인이를 바라보며 감탄했다. "저기 봐! 강아지가 타고 있었나 봐!", "있는지 몰랐어! 강아지도 잘 타는구나!" 사람들은 아인이를 신기하게 바라봤다. 이내 "우리도 데리고 올걸 그랬나 봐" 하는 말이 들려왔다. 사람들에게 좋은 인상을 심어준 것 같아 다행이었다.

로마가 기다리고 있었다. 출구 표지판을 따라가다 보니 입국심사대가 보였다. 또다시 심장이 두근거렸다. '한국에서는 말이 잘 통했지만, 문제가 생기면 영어로 말할 준비를 해야 해!' 아인이의 서류를 보여줘야 하는 것 같아서 주섬주섬 서류를 꺼내려 했다. 혹시 질문을 하지 않을지, 제출해야 할 서류가 미흡하진 않을지 걱정이 됐다. 우려와는 달리 입국심사대에서는 내 여권 외에 아인이의 서류를 요구하지 않았다. 우리는 어려움 없이 무사히 심사대를 통과했다. 아인이가 나를 빼꼼이 쳐다보고 있었다. 긴장한 내 모습에 걱정이 됐었던 걸까?

그토록 두려워했던 절차를 다소 싱겁게 끝낸 나는 수하물을 찾아 캐리어 가방을 바닥에 펼쳤다. 편리하게 이동하기 위해 기내용 이동가방을 접어 캐리어 가방에 넣고, 작은 이동가방을 꺼내니 캐리어가 묵직해졌다. 그동안 아인이는 나의 움직임 하나하나를 유심히 관찰했다. 무엇을 하는지, 어디에 갈지 궁금한 것 같았다. 짐을 정리한 뒤 목줄을 매고 소변을 유도하기 위해 아인이를 바닥에 내려놓았다. 이탈리아에선 반려견이 공항에서 걸어 다녀도 된다고 들었지만, 막상 걷게 하자니 마음이 조마조마해 사람들의 눈치를 살폈다. 다행히 지나가던 관리인도 아인이를 보며 눈인사를 하고 지나갈 뿐이었다. 기저귀를 착용하고 있어서 어디에 소변을 누어도 괜찮았다. 이렇게 아인이는 한국이 아닌 다른 나라에 첫 발을 딛고 첫 영역표시를 하게 됐다. 비록 기저귀에 실례를 했지만 역사적인 순간 아닌가! 출발하기 전, 잠시 앉아 심호흡했다. 그리고 아인이의 작은 발을 매만졌다.

"아인아 이 작은 발로 이탈리아를 함께 걷는 거야. 잘 해낼 수 있겠지?" 이제부터 시작이었다.

한 손에는 캐리어를, 나머지 한 손으로는 아인이의 이동가방이 흔들리지 않도록 받치고 예약해두었던 공항셔틀버스를 타러 갔다. 출구로 나와 쭉 걷다 보니 내가 타야 할 버스가 보여 재빨리 탑승한 후에 아인이의 상태부터 살폈다. 다행히 컨디션이 좋아 보였다. 비행기에서 휴식을 잘 취한 모양이었다. 드디어 버스는 이탈리아 도심을 향해 달리기 시작했다.

버스의 종착역은 테르미니Termini였지만, 내가 내릴 곳은 테르미니가 아닌 바티칸 근처 비아 크레첸지오 두에Via Crescenzio 2였기 때문에 신경을 곤두세우고 있었다. 며칠 내내 잠을 이루지 못해 기운이 없었던 데다 기내에서 잠도 자지 않고 밥도 먹지 않은 탓에 피곤하고 배가 고팠다. 그 상태로 버스를 타고 이동하려니 속이 울렁거리기 시작했다. '기내에서 밥이라도 잘 먹어둘걸…….' 속이 울렁거려 더 이상 참을 수 없다고 느낄 즈음 운전기사가 "바티카노!"라고 소리쳤다. 그곳이 내가 내려야 할 곳이라는 것을 직감한 나는 아인이를 들쳐 메고 재빨리 버스에서 내렸다. 어둑어둑한 길 위, 아는 사람이라고는 단 한 명도 없는 외딴 나라에 던져진 듯한 기분이 들었다. 그럼에도 이 작은 아이가 곁에 있어서 그런지 왠지 모르게 마음이 놓였다. 잠시 멈춰 서서 따듯하고 촉촉한 이탈리아의 공기를 깊이 들이마셨다. '그래 난 할 수 있어!'

어깨에는 아인이 가방을 두르고, 한 손으로는 스마트폰 지도를 켜고, 나머지 한 손으로는 캐리어를 끌며 목적지인 숙소를 향해 걸었다. 반려견이 보호자의 표정을 보고 마음을 읽는다는 이야기를 들은 터라 내 마음을 들키지 않으려고 최대한 자신 있는 척했다.

"걱정 마 엄마가 다 알아서 할 거야!"

표정을 읽은 아인이가 불안할 것 같아 힘을 내서 목적지에 도착해야겠다고 생각했다. 돌바닥이 캐리어 가방을 잡아끄는 것 같았지만 남은 힘을 쥐어짜 호텔에 도착했다.

"좋은 밤이에요!Buonasera!"

나이 지긋한 호텔 직원이 나를 반갑게 맞이했다. 아인이가 너무나 조용히 있어서인지 내가 여권과 예약확인서를 보여줄 때까지 직원이 눈치 채지 못하다 아인이를 발견하고는 카운터 밖으로 뛰어나와 무릎을 꿇고 계속해서 '벨리시모bellissimo', '피콜로piccolo'라고 감탄사를 외쳤다. 단 한 번도 한국에서 받아본 적 없었던 반응에 아인이도 나도 당황해 서로를 빠끔히 쳐다봤다. 그래도 기분 좋은 환영이었다.

방은 정말 좁았다. 과장해서 말하자면 침대가 1인용 카누보다 작은 것 같았다. 하지만 우리 둘이 편히 쉴 수 있는 공간이 있다는 것만으로도 행복했다. 짐을 그대로 놔두고 신발도 한 쪽만 벗은 채 침대에 누워버렸다. 머리를 베개에 대니 천장이 빙글빙글 돌았다.

'그래도 무사히 해냈어!'

아인이를 번쩍 안아들었다. 잠시만 그렇게 쉬고 싶었다. 그러다 문득 아인이가 오랜 시간 물을 마시지 않은 것이 생각나 벌떡 일어나 아인이 그릇에 물을 따르고 화장실에 배변패드를 깔았다. 자꾸만 나가자고 보채는 것을 보니 컨디션이 좋은 모양이었다.

"우리 관광하러 갈까?"

피곤했지만 조금이라도 구경을 해보고 싶었다. 호텔에서 도보 4분 거리에 있는 트레비 분수가 우리의 첫 목적지였다. 늦은 저녁시간이었지만 분수대 앞에는 수많은 사람들이 발 디딜 틈 없이 몰려 있었다. 이동가방 깊숙이 지갑을 숨기고 아인이를 이동가방에 앉혔다. 낯선 땅과 낯선 얼굴의 사람들이 신기했는지 아인이는 지나가는 사람들의 얼굴 하나하나

1. 안녕, 이탈리아

유심히 살폈다.

너무 오랜 시간 동안 식사를 하지 않았던 탓일까? 머리가 찡 하고 아파왔다. 뭐라도 간단히 먹어야 할 것 같아 첫 번째 버킷리스트였던 분수 앞에서 젤라또를 먹으려 했지만 우리는 빈손으로 아이스크림 가게를 빠져나와야만 했다. 도난을 과도하게 우려한 나머지 지갑을 아인이 가방 깊숙이 숨긴 탓에 나조차도 지갑을 꺼낼 수 없었다. 나의 조심성이 과했다 싶어 스스로에게 성질이 났다. 첫 젤라또는 다음날로 미루기로 하고 다시 숙소로 향했다.

보호자의 체력은 필수

큰일이었다. 방에 도착해서 누워도 두통이 가시지 않았다. 천장이 빙글빙글 도는 느낌이었다. 잠을 며칠 내내 설치고 속이 비어서 그런 것이 분명했다. 기내식을 남기고 비상식량을 챙겨오지 않은 것을 후회했다. 급한 마음에 차와 곁들여 마시도록 구비되어 있는 설탕을 입에 털어 넣었다. 한 봉지를 털어 넣었더니 조금은 살 것 같았다. 그래서 두 봉지를 더 입에 털어 넣었다. 속이 조금 편해졌다. 혹여나 내일도 이렇게 컨디션이 좋지 않으면 어쩌나 걱정이 됐다. '이대로 내가 잘못되면 아인이를 어떻게 챙기지?' 이런 내 모습을 바라보는 아인이의 눈빛도 불안해 보였다. 걱정이 몰려오면서 자괴감이 들었다. 나는 아인이를 꼬옥 끌어안았다. 내게 의지하는 녀석이 있으니 힘을 내야 했다. 왠지 모르게 그 포옹은 내게도 위안을 주었다. '내가 정말 개고생을 자처한 걸까?'

그날 밤, 나는 아인이와의 여행이 옳은 결정이었는지 스스로를 의심하고 걱정하며 잠이 들었다. 반려견과 함께하는 여행에 보호자의 체력이 중요하다는 것을 뼈저리게 느낀 밤이었다.

"댕댕이랑 함께 여행하려면 체력이 중요해요. 여행할 땐 꼭 밥을 챙겨먹고 충분한 수면을 취해야만 해요!"

#03
오늘부터 시작되는
'로마의 휴일'

댕댕이 친구들! 이탈리아 여행가개!

새벽 5시 알람이 나를 깨웠다. 다행히 몸이 한결 가벼워졌고 두통이 거짓말처럼 사라졌다. 아무래도 몸이 잠투정 밥투정을 한 모양이었다. 계획한 대로 트레비 분수에서 동이 트는 것을 바라볼 수 있게 되었다. 혹시나 전날의 두통이 되살아날까 싶어 차 한 잔에 설탕을 넣어 쭉 들이켜고 아인이가 트레비 분수 앞에서 식사를 할 수 있도록 사료를 챙겼다. 아인이의 정보가 적힌 목줄과 리드줄이 잘 연결돼 있는지 꼼꼼히 확인한 뒤 숙소를 나섰다. 안전은 중요하니까.

노란 조명이 아직 해가 뜨지 않은 어둑어둑한 도시를 밝히고 있었다. 우리는 가벼운 발걸음으로 트레비 분수를 향해 걸었다. '트레비 분수' 표지판을 따라 골목으로 방향을 틀자 쏴하고 울려 퍼지는 물소리가 건물 사이에서 깊게 들려왔다. 물줄기 소리가 점점 커지면서 웅장한 분수가 모습을 드러냈다. 전날 저녁 본 것과 또 다른 느낌이었다. 사람이 사라진 곳에 홀로 서 있는 웅장한 모습에 압도됐다.

'정말 오래간만이야.'

트레비 분수

2006년, 다시 오겠다며 두 번째 동전을 던진 것을 마지막으로 다시 찾지 못했던 로마, 그리고 트레비 분수 앞에 아인

댕댕이 친구들! 이탈리아 여행가개!

이와 함께 서 있다니 꿈만 같았다. 인생이란 상상하지 못했던 일들이 펼쳐지는 놀라움의 연속이었다. 아인이는 특별한 냄새가 느껴지는지 귀를 쫑긋 세워 분수대를 향해 코의 신경을 집중시켰다. 손톱만 한 코가 끊임없이 씰룩였다.

웅장한 분수대의 냄새가 아인이에게 어떤 기억으로 남게 될까? 호기심 가득 바라보는 아인이를 보며 왠지 모를 뿌듯함을 느꼈다. '꼭 기억해야 해. 우리 이곳에 또 오는 거야.' 나는 분수를 등진 채 아인이를 안아들었다. 그리고 세 번째 동전을 등 뒤로 던져 넣었다. '우린 분명 다시 올 거야!' 첫 버킷리스트가 실현됐다.

언제나 사람이 많은 탓에 트레비 분수가 '실망하고 돌아오는 10대 관광지'로 꼽히지만 이 시간에는 달랐다. 나는 울려 퍼지는 분수의 소리와 물줄기가 만들어내는 따뜻하면서도 좀처럼 잠잠해지려 들지 않는 거친 바람에 집중했다. 아인이도 함께 새로운 경험을 한다는 사실에 가슴이 설렘으로 가득 차올랐다. 앞으로의 여정은 얼마나 더 멋질까?

스페인 광장

해가 뜨는 것을 지켜본 뒤 다시 호텔로 돌아왔다. 호텔의 아쉬운 점은 식당에 반려견을 데리고 갈 수 없다는 점이었다.

댕댕이 친구들! 이탈리아 여행가개!

아인이를 낯선 장소에 혼자 두고 싶지 않았기에 식당에서 조식을 챙겨 방으로 들어와 함께 식사를 한 뒤 우리는 스페인 광장으로 향했다. 느긋하게 광장을 걷던 중 무언가가 아인이의 시선을 사로잡았는지 갑자기 가던 길을 멈춰 서더니 짖기 시작했다. 아인이가 좀처럼 눈을 떼지 못했던 대상은 바로 말이었다. 아인이는 처음 보는 말의 모습과 말발굽 소리에 적잖이 놀란 모양이었다. 사람들은 세상을 배워가는 어린아이를 보듯 아인이를 너그러이 바라보고 있었다.

영화 〈로마의 휴일〉에 나온 장소인 만큼 아인이의 사진을 남기고 싶었다. 계단 위에서 광장을 내려다보는 아인이의 눈빛은 설렘으로 가득 차 있는 것만 같았다. 나는 쉴 새 없이 셔터를 눌렀다. '너는 그레고리 펙보다도 멋지구나!'

핀초 언덕

관광을 할 때에는 목적지까지 가는 길을 잘 살피지 않았었는데, 아인이와 산책하듯 천천히 걷다 보니 도시 구석구석의 모습을 눈에 담을 수 있었다. 핀초 언덕으로 향하는 길이 마음에 드는지 아인이는 잠시 냄새를 맡다가도 후다닥 언덕 위로 전력 질주했다. 길가에 흐드러지게 핀 꽃들과 새로운 풍경과 낯선 냄새. 아인이는 이 모든 것들을 눈과 코에 담으며 즐기고 있었다. 평소 아침저녁으로 산책을 했지만 이처럼 행복해 보이는 모습은 처음이었다. 보호자로서 확신하건대, 분명 아인이는 지금 이 순간을 즐기고 있었다. '개고생을 시작해보길 잘했어!'

이탈리아에는 몇 미터만 걸어가도 쓰레기통이 있어서 제가 배변을 해도 가지고 다닐 필요 없이 바로 처리할 수 있어서 좋았어요.

#04
반려견에게도
축복이 주어진 이곳

 핀초 언덕에서 내려다보이는 탁 트인 로마의 전경 뒤로 펼쳐진 넓은 잔디밭에는 대형견들이 산책을 즐기고 있었다. 맙소사, 소 크기만 한 개들이 목줄 없이 자기만의 시간을 즐기고 있는데 아무도 이를 문제 삼는 사람이 없었다. 평화로운 그 모습을 보며 이곳의 반려견이 축복받았다는 생각이 들었다. 문득 친구와 했던 대화가 떠올랐다. 반려견을 싫어하는 이들에게 상처받아 힘들 즈음 친구가 내게 건넨 이야기였다.
 "어쩌면 그동안 무질서했던 보호자들의 행동에 혐오감이 폭발한 것 아닐까?"
 나는 이 말에 어느 정도 수긍할 수밖에 없었다. 반려견의 보호자인 나조차도 산책을 하면서 변이 바닥에 널려 있는 것을 볼 때도 있고, 반려견에게 목줄을 채우지 않아 사람들이

다치는 일이 종종 발생하고 있으니 말이다. 반려견이 공원에서 목줄 없이 마음껏 뛰어놀 수 있으면 좋겠지만 기본적인 수칙은 준수해야 한다고 생각한다. 누구나가 '개'를 좋아해야 하는 것은 아니다. 개를 싫어하는 사람도 있게 마련이고 특히 사고가 발생하면 안 되기 때문에 지켜야 할 것은 지켜야 한다. 이런 '펫티켓'이 정상화되고 보편화될 때 사람들의 인식을 '개를 싫어하는 수준'에서 '무관심한 수준'으로 바꿀 수 있다고 믿으니까.

바티칸 가는 길

우리는 바티칸이 한눈에 보이는 벤치에 앉았다. 2013년 유일하게 한 반려견이 프란시스 교황에게 축성을 받은 적이 있다는 것이 생각났다. 시각장애인 라디오 저널리스트 알레산드로 포를라니Alessandro Forlani의 안내견 아시아Asià였다. 그가 자신의 아내와 아이를 위해 축복을 해달라고 교황에게 요청했는데, 교황은 그의 가족에게 축복을 내린 뒤 허리를 굽혀 아시아를 쓰다듬으며 "당신의 반려견에게도 특별한 축복을"이라 말했다.

아시아처럼 축성을 받을 수는 없지만, 바티칸 앞에 앉으니 왠지 모르게 내 기도가 하늘에 더 잘 전달될 거라는 생각이 들어 잠시 생각에 잠겼다. 아인이는 유기견이었기에 나는 이 아이가 어디에서 왔는지 정확히 몇 살인지 알지 못한다. 그저 의사선생님을 통해 나이를 짐작해보거나 좀 더 세심하게 관찰하며 추정나이보다 어릴 거라 기대해볼 뿐이다. 정확한 나이를 모르기에, 운명 같았던 우리의 만남처럼 이별도 미처 준비하지 못한 사이 급작스레 찾아올지 모른다는 생각에 두려워지곤 한다. 반려견을 키우는 모든 보호자의 마음이 그렇겠지만 유기견을 가족으로 받아들인 마음 한편에는 이런 작은 불안이 존재했다. 나는 말없이 아인이를 쓰다듬으며 마음속으로 기도했다.

'아인이처럼 버림받는 반려견이 없기를……

그리고 아인이가 너무 빨리 별이 되지 않기를…….'

댕댕이 친구들! 이탈리아 여행가게!

테라스가 있는 한 식당에서 아인이와 식사를 하던 중 재미있는 일이 있었다. 한 대형견이 가던 길을 멈추고 길에 풀썩 주저앉아 뒷다리로 머리를 긁기 시작했다. 다가오는 차량을 위해 빨리 길을 비켜주어야 하는 상황에 보호자는 자신의 반려견을 힘껏 잡아당겼지만 덩치가 산만 한 그 녀석은 꿈쩍도 하지 않은 채 드러누워 계속 뒷다리로 얼굴을 긁어댔다. 그러나 가던 길이 막혀버린 운전자는 경적 한 번 울리지 않고 개가 시원하게 얼굴을 다 긁을 때까지 기다려주었다. 차의 위험을 모르는 그 큰 녀석도, 운전자의 배려도 너무나 신기하게만 느껴졌다. 물론 그 사이 보호자는 자신의 반려견을 길에서 빼내기 위해 진땀을 뺐지만 레스토랑에 앉아 있던 사람들에게 그 광경은 그저 귀여운 구경거리였다. 상상조차 하지 못한 이 상황. 이곳은 진정한 '개천국'이었다.

이동가방은 가볍게

융통성이 부족한 나는 아인이를 이동가방에 넣고 다니면서 여행 몇 시간 만에 지쳐버렸다. 아인이의 무게가 3.4킬로그램 이동가방이 900그램 정도로, 도합 약 4.3킬로그램을 여일 들었다 놓았다 하려니 버거울 수밖에. 특히 로마와 같이 자유로이 도보로 이동할 수 있는 곳에서 대중교통을 이용하지 않는다면 가방이 필요 없었다. 게다가 레스토랑이나 카페에서도 반려견이 바닥에서 기다리는 것을 허용해주고 있었다.

#05
행복한 기억으로
채워질 하루

담쟁이덩굴이 늘어진 녹색 거리를 천천히 걷다 보니 번호표를 뽑을 정도로 인기가 많은 큰 젤라또 가게에 사람들이 큰 개와 함께 들어서는 모습이 보였다. 반려견의 크기와 상관없이 음식에 영향을 주지 않는 범위에서 동반이 허용되는 것 같았다. 이번만은 아인이도 이탈리아에 왔으니 젤라또를 맛보며 여행의 즐거움을 느껴야 한다는 생각이 들었다. '맛있는 것을 나누는 것도 여행의 묘미니까.' 나는 아인이가 탈이 나지 않을 법한 코코넛 맛을 선택했다. 처음으로 젤라또를 맛보는 역사적인 순간이었다.

"아인아! 젤라또 나눠 먹을까?"

두 번째 버킷리스트가 실현되는 순간이다. 나는 첫 입을 아인이에게 양보했다. 젤라또를 한 번 혀로 스윽 핥더니 혀 놀림이 급해졌다. 그러고는 다 먹어버릴 기세로 젤라또를 향해 돌진했다. '이런 게 여행의 즐거움이지.'

사실 나는 아인이에게 사람음식을 단 한 번도 준 적이 없다. 나의 첫 반려견 산타가 하늘로 떠나기 전 몇 년간 비만과 당뇨로 고통스러워했기 때문이다. 반려견의 행복감과 건강에 대해 공부하지 않은 내 잘못이었다. 그때의 후회 때문에 유난이라 생각될 정도로 아인이의 식단에 엄격했다. 하지만 이번 여행에서만큼은 아인이에게 더 많은 행복을 주고 싶었다.

콜로세움

콜로세움에 도착하니 많은 사람이 내부를 구경하기 위해 줄서 있었다. 반려견과 여행하면서 유적지 안에 들어가지 못해 아쉬웠지만, 그 덕에 의외로 호객행위를 하는 사람이 없어 편했다. 이 멋진 곳에서 아인이와 함께한다는 것만으로 충분했다.

콜로세움 역으로 돌아와 처음으로 대중교통을 이용해보기로 했다. 로마의 버스나 메트로 티켓은 지하철역에서 구입하거나 T라고 쓰인 푸른 간판의 매점에서 살 수 있었는데 24시간 티켓으로 지하철과 버스를 제한 없이 탈 수 있었다. 아인이가 머리를 쑤욱 내놓은 채로 버스에 탑승했고 운전기사 아저씨는 아인이에게 장난스럽게 경례를 하며 윙크했다.

댕댕이 친구들! 이탈리아 여행가개!

"아인아, 회전목마 처음 보지?"

아인에게는 처음 보는 게 아직 너무도 많았다. 호기심이 풀릴 때까지 아인이는 빙글빙글 돌아가는 회전목마 앞에 앉아 있었다. 그러더니 나를 바라보며 '아오아오' 하는 소리를 냈다. 무언가를 말하려는 것일까? 회전목마에서 흘러나오는

1. 안녕, 이탈리아

아코디언 소리와 아인이의 모습에 왠지 모르게 눈물이 핑 돌았다. 아인이와의 만남과, 이 먼 곳까지 함께 왔다는 벅차오르는 행복감, 아인이가 과거에 느꼈을 상실감과 실망감과 고단함이 떠올랐다. 나는 아인이가 아픈 기억을 잊을 만큼의 행복을 주겠노라고 다짐했다. 우리 인생에 언제나 즐거운 일들만 있을 순 없지만 그래도 우리가 언제나 함께한다는 그 자체만으로도 이미 행복일 것이다.

아인이와 함께한 로마의 밤은 한국에서의 그 어느 때보다 따뜻하게 느껴졌다. 내겐 이 말 없는 작은 동행이 있어 외롭지 않았다.

이곳에서는 대중교통을 탈 때 반려견도 탑승권을 구입해야 한대요. 하지만 현지 댕댕이들이 탑승권을 구입한 것 같지는 않았어요. 그래도 우리 한국 댕댕이들은 규칙을 잘 지키도록 해요. 손님인 우리가 규칙을 잘 지켜주는 게 좋잖아요.

아인이의 폭풍 노즈워크

킁킁킁, 콜로세움으로 향하는 길, 아인이는 잔디 속으로 들어갈 기세로 냄새를 맡아댔다. 무언가에 집중하거나 기분이 좋을 때 귀를 토끼 귀처럼 쫑긋 모으기에, 이곳의 냄새가 퍽이나 마음에 들었다는 사실을 알 수 있었다. 오래된 역사와 다양한 관광객만큼이나 다양하고 신기한 냄새가 거리에 뒤섞여 있는 듯했고, 나는 아인이가 마음껏 냄새를 맡도록 기다려주었다.

'노즈워크'라는 단어를 접하게 된 것은 반려견 산타를 잃고 난 뒤 강형욱 훈련사의 책 《당신은 개를 키우면 안 된다》에서였다. 13년 동안 나는 산타가 냄새를 맡는 것을 즐거워한다는 것도 모른 채 산책할 때면 더러운 것이 산타의 몸에 닿는다는 생각에 줄을 당기기만 했었다. 그리고 산타를 잃은 뒤에야 반려견이 냄새 맡는 즐거움을 느낀다는 사실을 책으로 알게 됐다.

토끼처럼 귀를 쫑긋 세우며 냄새를 맡고 총총총 걸어 다니는 모습을 보면서 아인이가 이 낯선 장소에서 행복을 느끼고 있다는 사실을 알 수 있었고 그 행복을 지켜주고 싶었다. 사람보다 100만 배나 발달한 후각으로 아인이는 로마의 역사를 탐색하고 있는 것일까?

02.
오랜 배려의 도시, 피렌체

이탈리아 사람들은 한 생명을 존중하는 것이 눈에 보일 정도로 반려견을 사람 대하듯 정중히 대했다. 눈높이를 맞추고, 적당한 거리를 두고 아인이가 경계를 늦출 때까지 시간을 주었다. 그러면 마술처럼 아인이는 대부분 사람들에게 마음을 열었다. 손길을 거부할 때도 있었지만 이탈리아 사람들은 "불편하게 해서 미안해"라고 말하며 다시 거리를 두고 사랑스럽게 지켜보았다.

… # #06
이탈리아 사람들의 마음엔
행복을 위한 자리가 있다

피렌체로 떠나기 전, 새벽 6시의 스페인 광장. 해가 완전히 뜰 때까지의 시간이 만들어내는 오묘한 분위기를 느끼기에 좋은 시간이다. 동이 틀 때에는 서서히 햇빛이 도시의 건물들을 밝히면서 잠들었던 도시가 점차 빛을 내기 시작한다. 해가 완전히 뜰 때까지 건물이 광채를 뿜어냄과 동시에 그림자를 만들어내는데, 이 짧은 시간에 도시의 다양한 얼굴을 볼 수 있어 매력적이다. 이 시간은 여행자로서 누릴 수 있는 최고의 시간 중 하나임에 틀림없다.

로마 시내나 관광지에서는 테러에 대비하는 군인들을 쉽게 볼 수 있다. 삼엄한 경비 속에 군인들의 표정도 경직되어 있었다. 하지만 도심을 누비는 아인이를 발견한 군인들의 딱딱한 얼굴엔 미소가 꽃피었고 이들은 아인이를 손가락으로

가리키며 즐거워했다. 귀를 토끼 귀처럼 모으고 종종걸음으로 곳곳을 탐색하는 이 작고 귀여운 모습이 경직된 주변 분위기조차 따뜻하게 바꿔놓고 있었다. 문득 전쟁지에서 서로를 두 팔 벌려 포옹하고 있던 한 '군인과 개'의 사진이 떠올랐다. 지금 내가 그렇듯이 어쩌면 그도 전쟁터에서 개에게 온 마음을 의지하고 있었던 건 아닐까? 이 자그마한 아이가 오히려 나를 지켜주고 있는 것 같은 든든함. 반려견은 생각 이상으로 의지가 되고 위안이 되는 존재임에 틀림없다.

로마는 수많은 관광객들로 붐비는 곳에도 개가 참 많았다. 이 복잡한 로마 도심에서 내가 본 반려견은 대부분 큰 중형견이나 대형견이었다. 우리나라 도시는 대부분 아파트로 이루어져 있어서 반려견을 키우기에 공간이 협소하다는 이야기를 들은 적이 있다. 그래서 소형견이 우리 주거형태에 가장 적합하다는 이야기도 들었고 나 역시 무의식적으로 동감하고 있었다.

사실 우리나라에서 어딘가에 출입하는 데 있어 소형견의 상황은 그나마 나은 편이다. 중·대형견이라면 출입할 수 있는 장소가 더욱 제한되기에 큰 친구들이 따뜻한 시선을 받으며 보호자와 함께하는 이탈리아의 현실이 너무나도 부러웠다. 복잡한 이탈리아 도시 속 대형견들을 본 뒤로 문득 좁았던 것은 주거의 공간이 아니라 반려견을 위한 마음의 자리, 마음의 문이 아니었을까 하는 생각이 들었다. 반려견을 위한 마음의 자리가 좁기에 그 마음의 크기에 딱 맞는 작은 소형견을 선호하게 된 것이 아닐까?

피렌체행 기차를 타기 위해 소매치기로 악명 높은 테르미니Termini 역으로 향했다. 도난을 대비해 귀중품을 아인이가 앉아 있는 이동가방 깊이 넣어두었는데, 돈을 꺼내려면 나조차도 피곤할 정도였다. 게다가 귀여운 맹수가 얼굴을 내밀며 보초를 서고 있는 금고에 손을 댈 사람은 없는 듯했다. 귀중품을 목에 걸고 있었으니 소매치기의 만만한 상대는 아니었을 것이다.

테르미니 역에 도착해 승강장으로 향하려는데, 기차역에 퍼지는 커피의 향기가 나를 이끌었다. 기차역 특유의 분주함 속에서 서서 커피를 마시는 사람들의 시간은 멈춘 것만 같았다. 직원들은 밀려들어오는 커피 주문에 숨 돌릴 틈 없이 분주했지만 손님들은 커피 한 잔으로 마음에 여유를 채우며 내면의 고요함을 느낀 것 같았다. 이 작은 에스프레소 한 잔은 사람들의 마음에 음료 이상의 무언가를 주는 것만 같았다. 기차역 에스프레소는 매우 씁쓸하고 묵직했지만 마시고 나면 입안에 아로마가 감돌고 개운했다. 설탕 한 봉지를 넣고

휘휘 저으면 그렇게 맛있을 수 없었다. 그렇게 내면으로 빠져들 수 있는 찰나의 여유를 만끽하고 기차에 탑승했다.
  기차에 오르자마자 예약해둔 자리에 앉기 전, 옆 좌석 승객에게 반려견이 있다는 것을 인지시키며 반려견이 옆에 있어도 상관없는지 물었다. 왜 당연한 것을 묻느냐는 듯한 뉘앙스로 옆 좌석의 학생이 건조하게 대답했다. 아인이가 이

동가방 밖으로 고개를 쏙 내밀자 주변에서 하나둘씩 관심을 보이며 미소 지었다. "개가 호강하네"와 같은 불편한 칭찬도 없었다. 이들의 마음엔 늘 아인이를 위한 자리가 마련되어 있었다.

견생처음 기차를 타봤어요. 아무튼 기차에서도 댕댕이들이 함께할 수 있다니 꿈만 같아요. 이곳에서는 우리의 존재를 존중해줘요. 기차를 탔을 때 싫은 내색을 하는 사람들도 없었고요. 가방에 얌전히 있을게요. 싫어하지 말아주세요.

#07
"아인이를 만난 당신, 복 받았네요"

피렌체 역에서 내려 숙소로 향하는 도중 캐리어 바퀴가 고장 나고 말았다. 가방이 길바닥에서 통통 튕겼고 급기야 그 힘을 못 이겨 뒤집어지기 시작했다. 그렇게 엎치락뒤치락 엉거주춤 이동하며 두오모 성당을 지나다가 문득, 12년 전 피렌체에 왔을 때가 생각났다.

구글맵이 없었던 그 시절에 나는 안내센터에서 준 지도에 의존해 호텔을 찾을 수밖에 없었다. 캐리어 가방을 끌며 피렌체 대성당 주변을 세 바퀴나 돌아 헤맸던 기억이 났다. 돌바닥이 캐리어 가방을 잡아당기는 느낌이 생생히 남았었는데, 시간이 되돌아간 듯, 바로 그때와 똑같은 기분을 다시 느낄 수 있었다. 그때와 다른 것이 있다면 아인이와 함께여서 그런지 그때만큼 숙소를 찾아가는 길이 지루하고 막연하게 느껴지지 않았다는 점이다. 비록 책임져야 할 것이 많지만 아인이와의 동행은 내게 행복이었다.

너무도 다른 common sense

아인이는 피렌체에서도 안내견의 몫을 제대로 해내려는 듯, 호시탐탐 주변 탐색을 하다 나보다 먼저 호스트를 알아차렸다. 호스트를 보자마자 나는 기다렸다는 듯이 반려견 동반에 대한 질문을 쏟아냈다. 적지 않게 당황하는 모습을 보니 인근 맛집이나 볼거리 또는 가까운 슈퍼마켓에 대한 가벼운 질문을 예상했던 것 같다. 나는 아인이와 함께 출입할 수 있는 레스토랑이나 카페에 대해 물었다. 호스트는 "대부분의 이탈리아 사람들이 강아지를 좋아하기 때문에 크게 걱정할 필요는 없을 것 같다"고 말하며 먼저 직접 물어보고 양해를 구해야 한다는 말도 잊지 않았다. 다만 '상식common sense' 적으로 허용되지 않는 '병원' 같은 곳은 당연히 반려견 출입이 안 될 거라고 덧붙이며, 어렵다면 커먼 센스를 활용하라고 했다. 한국에서는 반려견이 갈 수 있는 곳이 많지 않아서 한국의 커먼 센스를 이탈리아의 커먼 센스에 적용해 생각하기 힘들다는 내 말에 호스트는 환한 미소를 지어 보이며 "웰컴 투 이탈리아!"라고 말하며 아인이를 쓰다듬었다. 더 이상의 질문은 필요 없어 보였다. 일단 부딪혀보면 되는 것이었다. 비로소 이탈리아에 온 것이 실감났다.

미켈란젤로 언덕을 올라 노을을 보며 저녁식사를 마치고 숙소로 돌아가던 중 대학생으로 보이는 예쁜 여자를 만났다. 그녀는 아인이가 유기견이자 파양견이었다는 사실에 놀란 듯했다. 그녀의 손길이 편했는지 아니면 예쁜 외모에 반했는지 녀석은 엉덩이를 씰룩거리며 잘 부리지 않던 애교를 부리기 시작했다. 선한 사람을 알아봤던 것일까? 그녀는 반려견을 키우면 매일 웃을 수 있고 마음이 따뜻해진다고 말하며 아인이를 쓰다듬었다. 그녀가 뒤돌아서서 작별인사로 나에게 이렇게 말했다.

"당신은 복 받았네요."

그 순간 왠지 모르게 가슴 한편에서 표현할 수 없는 어떤 울컥하는 벅참이 턱까지 올라왔다. 그동안 사람들이 무심히 건네는 "좋은 일 하시네요!", "아인이가 복 받았네!", "좋은 주인 만났네!"라는 말을 들을 때면 칭찬임에도 불구하고 어색하고 불편하게만 느껴졌다.

꽤나 단조로운 내 삶을 꽃피운 아인이. 이 작은 존재를 만난 후로 나는 샤워를 할 때 노래를 부르기 시작했다. 복을 받은 것은 아인이가 아니라 나였다. 아인이 덕에 행복해진

하루하루. 우리는 서로에게 행운이었던 것이다. 지구 반 바퀴를 건너 내 마음을 정확히 표현해주는 한 사람을 만난 것 같았다. 낯선 이라도 상관없었다. 오늘 처음 본 그녀가 먼발치에서 던진 말은 정확히 내 마음을 관통하고 있었다. 그날의 밤, 이탈리아 도시 전체가 우리를 따뜻하게 안아주는 듯한 느낌이 들었다.

댕댕이 친구들! 이탈리아 여행가개!

2. 오랜 배려의 도시, 피렌체

#08
피렌체는
혐오프리 구역

숙소에서 가까운 우피치 미술관에서 아르노 강 쪽으로 걸어 나오면 베키오 다리를 볼 수 있는데, 아름다운 풍경에 시선이 절로 머물러 발이 떨어지지 않았다.

'그래. 오늘 하루만큼은 발길 닿는 대로 우리를 반겨주는 모든 곳에 들러보자.'

아무 계획 없이 반려견과 함께하는 이탈리아 사람들의 삶을 훔쳐보고 공감하고 싶어졌다. 오늘 나는 시간에 쫓기는 관광객이 아닌, 반려견과 동네에 마실 나와 흥미를 끄는 상점을 둘러보며 어슬렁대는 현지인의 삶을 살아볼 참이었다.

"아인아, 오늘은 이탈리아 현지인처럼 하루를 살아보는 거야!"

두오모 성당

두오모 앞에 조용히 앉아 이른 아침의 성당을 관찰하고 있는데 한 부부가 내게 다가와 말을 걸었다. LA에서 온 이 부부는 관광객으로 보이는 내가 반려견을 동행한 것이 신기했던 모양인지 반려견 동반 여행에 대한 질문을 했다. 이들은 자신의 반려견을 사촌에게 맡기고 왔는데 매일 보고 싶고 걱정이 돼서 여행 내내 신경이 쓰이고 아쉬움이 남는다고 했다. 가족을 두고 온 것이니 너무나 당연했다.

맙소사!

이 부부의 반려견 이름도 아인이와 '동명이견'인 아인슈타인! 이런 우연은 반갑기도 하지만 신기하기도 해서 이후 한참 동안 노부부와의 수다삼매경에 빠져들게 되었다. 노부부는 반려견 동반 해외여행 절차에 대해 상세히 물었고 나는 생각보다 혼자 준비하기 쉽다는 사실을 귀띔해주었다. 반려견 항공편 가격을 알려주자 그 정도라면 지불할 가치가 있다며 다음번에는 꼭 반려견과 이탈리아에 동행해야겠다고 말했다.

노부부는 그간 여행을 하며 이곳 반려견들의 모습이 좋아 보였는지 이렇게 덧붙였다.

"이탈리아는 정말 반려견 친화적인 곳 같아요. 어딜 가든 개가 보여요. 우리 아인슈타인도 이곳에 왔다면 얼마나 좋았을까요."

이탈리아가 반려견 친화적이라는 노부부의 말은 정확했다. 특히 토스카나 지역은 2008년 반려견이 식당과 상점 그리고 우체국 등에 입장할 수 있는 법안이 가결되었을 정도로 반려견에게 우호적인 것으로 유명했다. 그리고 토스카나 주의 핵심 도시인 피렌체 역시 반려견에게 우호적이었고 우리는 단 한 번도 출입을 저지당한 적이 없었다.

이탈리아에는 테라스를 갖춘 식당이나 카페가 유독 많다. 보호자가 식사나 커피를 즐기는 동안 반려견은 테라스에서 배를 땅에 대고 편안하게 낮잠을 자면서 기다리는 장면을 많이 볼 수 있다. 이처럼 도시 곳곳에는 반려견을 의식하지 않는 곳이 많았다. 이곳에서는 대형견이든 소형견이든 반려견을 키우면서 느끼는 시선이나 '출입금지'의 불편함을 느끼지 못할 정도였다. 나는 아인이와 함께 이탈리아에 오길 잘했다는 생각이 들었다. 이곳은 반려견 천국이었다.

새 책 냄새가 좋아 여행할 때면 가끔 서점에 들르곤 하는데, 이탈리아 서점이라서 내가 읽을 수 있는 책은 거의 없을 터였고 살 책도 없었다. 다만 반려견이 서점에 들어간다면 사람들이 무어라 말할지 호기심이 발동했다.

서점에 들어가 맨 앞에 진열된 피렌체 가이드북을 들고 몇 페이지를 훑어볼 때까지 아인이는 묵묵히 내 옆을 지키다가 어느 새 자리를 잡고는 조용히 엎드렸다. 책에 집중하던 사람들도 아인이의 모습을 보고 잠시 미소를 지어 보이고는 이내 다시 책 속으로 빠져들었다. 직원도 아인이를 보며 반가워했다. 다른 곳과 차이가 있다면, 서점의 고요한 분위기 때문에 큰 소리로 말을 걸어오는 사람이 없었다는 점이다. 모두들 아인이에게 눈인사만 건넸다.

이곳에서 반려견이 서점에 들어오는 일은 크게 문제될 일이 아닌 것 같았다. 이탈리아 사람들은 분위기를 잘 읽는 반려견의 습성을 알고 있는 것일까? 서점에서 나는 책 한 권 사지도 읽지도 못하고 돌아왔지만, 아인이에게 새로운 경험을 선물한 기분이 들었다.

그뿐만이 아니었다. 한 대형견이 생활용품점에 들어가는 걸 보자마자 나는 최면에 걸린 듯 그 뒤를 따라 상점에 들어갔다. 대형견은 내 허리춤까지 오는 정도의 크기였는데, 어

느 누구도 대형견에 놀라거나 차가운 시선을 보내지 않았다. 어쩌면 상품 진열대가 충분히 높아서 상품에 대형견의 혀나 얼굴이 닿지 않기에 가능한 일일지도 몰랐다. 가까운 슈퍼마켓도 마찬가지였다. 식품이 높은 진열대에 먹기 좋게 잘라 진열되어 있었다. 들어가기 전에는 혹여 '반려견금지' 스티커가 붙어 있지는 않은지 습관처럼 확인했다. 슈퍼마켓 직원은 들어가도 되는지 묻는 내 모습이 유난스럽다 생각했는지 '왜 그런 질문을 하지?'와 같은 표정을 지어 보였다.

    지인의 선물을 사기 위해 들른 어느 유명한 향수가게에서 있었던 일이다. 처음 향수가게에 들어섰을 때 조금은 조마조

Qui possiamo entrare
우리는 이곳에 입장할 수 있어요
라고 쓰여 있다.

마했다. 공간이 고급스럽고 향기로 가득했기 때문에 행여나 강아지가 들어가면 안 되는 곳은 아닌지 싶어서 이리저리 둘러보며 눈치를 봤다. 그런데 한 점원이 손님에게 하던 제품 설명을 중단하고 아인이에게 급히 다가왔다. 혹시나 나가달라고 할까 싶어 순간 긴장했다. 그런데 그녀는 몸을 낮추고는 이탈리어로 아인이에게 이런저런 이야기를 하기 시작하더니 동료들을 불러 모았다. 아무래도 고급 향수가게에서 아인이는 불청객이 아니라 VIP인 것 같았다. 아인이는 마치 그녀의 입에서 나오는 매력적인 언어를 모두 알아들을 수 있다는 듯 도도한 자태를 뽐내며 점원들에게 다가갔다가 그들이 손을 내밀면 내빼며 밀당을 했다.

향수 매장의 직원들과 더 놀겠다며 고집을 피우는 아인이를 끌고 피렌체 대성당 앞을 지나려는데 마침 멋진 바이올린 선율이 우리의 발걸음을 멈춰 세웠다. 음악에 매료되어 한참 동안 악단을 바라보다가 아인이를 돌아보았다. 아인이가 악단을 유심히 관찰하는 것이 보였다. 음악을 감상하는 것이었을까? "아인아, 음악소리가 좋아?" 그때 한 어린아이가 음악소리에 영감을 받았는지 관중 앞으로 나와 즉흥적으로 춤을 추기 시작했다. 그 아이는 노래에 맞춰 춤을 추다가 음악이 절정에 달할 때쯤 천천히 물구나무를 섰다. 우아한 대성당 앞에서 마주한 바이올린 선율과 아이의 춤은 사실 완벽하지도 전문적이지도 않았다. 음악과 춤 모두 아마추어의 어설픈 느낌을 풍겼지만, 아름다움을 표현해 관중에 전달하고 이들을 미소 짓게 만들기에 충분했다.

댕댕이 친구들! 이탈리아 여행가개!

평소에 음악을 듣거나 의사

표현을 할 때 아인이는 "아오아오~" 하면서 하울링을 하는데, 다행히 악단과 춤추는 아이를 유심히 지켜보기만 했다. 강아지의 눈에도 그 모습이 보기 좋았던 것 같다. '음악과 춤은 인간뿐만 아니라 동물에게도 아름다움을 전달하는 것일까?' 음악소리에 귀를 기울이는 아인이의 모습을 보면서 그것이 내가 갈망하던 이번 여행의 목적임을 직감했다. 이곳에선 나도, 아인이도 주눅들 필요가 없었다. 우리는 혐오프리 구역에 있었다.

#반가운 신호_
가게 밖에 물그릇이 나와 있으면 강아지 출입이 가능해요.
카페 앞에 물그릇과 강아지 출입 표지판이 있으면 강아지 출입을 허락한다는 의미예요.

… # #09
이탈리아 사람들의 마음에는 쉼표가 있다

아인이와 어디든 함께할 수 있다는 생각에 아침부터 기분이 좋았다. 아인이도 기분이 좋은지 평소보다 많이 걸어 힘이 들 법도 한데 그 어느 때보다 표정에 자신감이 넘쳤다. 집에 있을 때는 사료를 통 먹지 않았는데 이곳에서는 한 그릇을 맛있게 비워냈다.

'여행을 통해 성장하는 것은 사람뿐만이 아니구나.'

우피치 미술관을 지나 아르노 강변을 걷는데 이른 아침부터 박물관에 들어가기 위해 줄서 있는 사람들이 보였다. 나는 예술작품이 있는 곳에 반려견이 들어갈 수 없다는 것을 익히 알고 있었다. 훼손되어선 안 되는 작품이 많은 데다 사람이 많기 때문에 반려견의 입장을 허용하지 않는 것은 당연했다. 하지만 그날따라 왠지 모르게 호기심이 발동했다. 반

댕댕이 친구들! 이탈리아 여행가개!

려견에게 우호적인 이 나라 사람들이 "아인이가 들어가도 될까요?"라는 질문을 받았을 때 어떻게 반응할지 궁금해졌다. 안 된다고 해도 손해 볼 것 없다는 생각으로 박물관 인포메이션 앞에 줄을 섰다. 줄서 있는 아인이를 발견한 직원은 아인이에게 푹 빠져 시선을 떼지 못했다. 이때다 싶어 아인이와 함께 박물관에 들어가도 되는지 물어봤다. 대답은 "NO". 하지만 직원에게서 돌아오는 말은 너무나 예쁘고 친절했다. "너무너무 사랑스럽고 나도 들여보내고 싶지만 안 돼요." 그녀의 답변에서는 따스함과 배려가 느껴졌다. 우리나라에서 언제나 듣는 '안 된다'라는 대답이었지만 극명한 온도차를 느낄 수 있었다.

이탈리아 카페 곳곳의 현지인들은 카페의 바에 옹기종기 모여 소주잔만 한 컵에 담긴 에스프레소를 비우며 직원과 즐거운 담소를 나눴다. 에스프레소를 비우는 데에는 긴 시간이 필요하지 않지만 그 짧은 시간 동안 하루에 쉼표를 찍으며 숨을 가다듬는 것만 같았다. 거창한 휴식은 아니지만 나도 커피 한 잔을 주문해 분주함 속에서도 쉼표를 찍는 행복한 3분의 달콤함을 누리며 이탈리아 문화에 슬며시 발을 담가보았다.

어쩌면 반려견을 향한 이들의 배려가 이 작은 쉼표에서 오

는 것은 아닐까? 이탈리아에는 수많은 손님이 테이블에 앉아 기다리는데도 큰 소리로 노래를 부르며 테이블로 천천히 다가오는 웨이터라든지, 긴 줄이 늘어져 있는데도 손님과 대화하며 웃음을 나누는 슈퍼마켓 캐시어를 쉽게 찾아볼 수 있다. 어쩌면 이 작은 커피 한 잔만으로도 숨 돌릴 틈 없는 일상에 쉼표를 찍을 수 있기에 이들의 마음에 '동물을 위한 자리'가 남아 있는 것일 수도 있다. 이탈리아 사람들의 마음속에 자리 잡고 있는 쉼표가 타인에 대한 배려와 관용을 만들어내리라 짐작하기에 충분했다. 아인이도 이탈리아인의 마음속에 자리한 쉼표에 이끌려 쉽게 마음을 연 것일까? 그럼에도 불구하고 난 부디 아인이가 우리나라 사람들에게 더 포근함을 느끼길 간절히 바랐다.

개천국, 개똥천국과 마주하다

조금 한적한 곳을 둘러보고 싶은 마음에 사람들이 많이 향하는 미켈란젤로 언덕을 등지고 반대쪽 거리를 거닐었다. 냉탕과 온탕처럼 극명하게도 그 길은 정말 한산했다. 벽에 담쟁이덩굴이 가득한 각양각색의 대문을 가진 집들과 대조적인 하얀 빨래더미가 무심히 빨랫줄에 매달려 소리 없이 흔들리는 모습을 보는 것조차 편안하게 느껴지는 정지된 화면. 마치 '이탈리아의 풍경'이라는 제목을 달고 한 폭의 그림에 옮겨둔 것과 같은 거리가 눈앞에 펼쳐졌다. 바람이 불 때마다 담쟁이덩굴의 잎사귀와 하얀 빨래가 춤을 췄다. 아인이도 한적한 이 골목에서 쾌적함을 감지했는지 사뿐히 발걸음을 옮겼다.

이탈리아에서 유독 신기했던 것은 곳곳의 잔디 위에서 개의 변(똥)을 많이 발견할 수 있었다는 점이다. 사람들이 걷는 길에서는 단 한 번도 개의 변을 본 적 없지만 잔디밭 같은 곳에는 변이 정말 많이 보였다. 2제곱미터 정도 크기의 화단에 여기저기 변이 열다섯 개 정도 남짓 널려 있었다. 말 그대로 화단은 똥밭. 똥투성이. 이탈리아인은 견변에도 너그러운 것일까?

여행자와 여행견의 목을 한 모금의 물로 달래고 다시 길을 쭉 따라가니 미켈란젤로 언덕으로 가는 길이 보였다. 나는 며칠 전에 올랐던 길 대신 다른 돌아가는 길을 택했다. 언덕에 오르자 내 눈에 들어온 햇빛 가득한 피렌체는 온통 금빛으로 물든 것 같았다. 아인이와 함께 벤치에 앉아 풍경을 감상했다. 아인이를 끌어안고 속삭였다.

"아인아, 여기 오니 좋아?"

피렌체의 일몰은 정말 아름답다. 특히 베키오 다리의 풍경은 말로 표현하기 힘들다. 마치 멈춰버린 한 장면처럼 기억되는 황금빛 다리. 숨이 멎을 듯한 색감을 뿜어내는 이 금빛 도시를 보며 아인이는 무슨 생각을 하는 것일까? 저 예쁜 눈으로 내가 보는 노을을 같은 모습으로 바라보고 기억할까? 지금 이 순간을 끝으로 당분간 피렌체와의 마지막 저녁일 것이라 생각하니 아쉬운 마음이 들었다.

어둑어둑해질 즈음 숙소로 돌아가는 길에 우피치 박물관을 지나는데 뮤지션이 기타연주를 하고 있었다. 기타 소리는 잔잔하게 울려 퍼지며 미술관 앞에 자리를 잡은 사람들의 마음을 사로잡았다.

미술관 건물 사이로 울려 퍼지는 선율을 감상하며 매일 이

거리를 다닐 수 있다면 얼마나 즐거울지 상상해보았다. 그러다 불현듯 깨닫게 되었다. 왜 이토록 이탈리아 사람들이 기분 좋은 하루를 살아갈 수 있는지, 왜 이토록 이탈리아인들이 반려견에게 호의적이고 개방적인지를. 아름다운 음악과 거리, 보이는 모든 것이 한 폭의 그림이자 예술품 같은 이 도시, 이 나라에 산다면 그 누구라도, 그 누구에게도 나는 문을 열 것만 같았다. 얼마 지나지 않아 거리의 뮤지션은 이루마의 'river flows in you'를 연주했다. 그 곡을 마지막으로 나는 손에 쥐어지는 동전을 그 사람의 기타 통에 모두 넣어주고 자리를 떠났다. 그걸로 충분한 하루였다.

전용 수건을 사용해요

이탈리아에는 정말 흙먼지가 많아서 흰 반려견을 찾아보기 어렵다. 회색 아인이는 참을 수 있었지만 뻣뻣해서 엉킨 털은 해결해야 했다. 이곳에서 구입한 샴푸와 준비해온 아인이 전용 수건을 사용해 씻길 수 있었다.

우리 댕댕이 친구들 때문에 보호자들에게 아픈 말은 하지 말아주세요. 우리의 보호자이기 이전에 사람이니까요.

낮은 음수대의 비밀

이탈리아 거리를 걷다 보면 곳곳에 설치된 음수대에서 물을 마시는 사람들을 볼 수 있다. 다양한 모양을 하고 있는 음수대에서는 정화된 물이 나오기 때문에 마셔도 안전하다. 음수대는 오래된 분수대나 오래된 건물 벽 사이, 그리고 오래된 돌길 위에서도 찾아볼 수 있는데, 신기하게도 음수대가 낮은 위치에 설치되어 있다. 이따금 이탈리아의 반려견들은 낮은 수도관에서 흘러나오는 물로 목을 축이곤 했다. 그 모습이 담긴 사진은 내가 이탈리아의 반려견 문화에 관심을 갖게 된 계기이기도 했는데 사람뿐만 아니라 키 작은 동물에게도 물 한 모금이 제공되는 곳, 이곳에는 배려의 역사가 뿌리 깊게 박혀 있는 것 같았다. 처음에는 마시기 꺼림칙했지만 시간이 지나니 그 물이 반가웠다. 아인이의 물그릇에 물을 따라주면서 배려의 역사가 깃든 수도관이 기나긴 세월이 지난 지금 우리의 갈증을 덜어주고 있다는 사실에 마음이 따뜻해졌다. 그 옛날의 설계자는 동양인 여자와 반려견이 이탈리아에 놀러와 이곳에서 물을 마시리라고 상상이나 했을까?

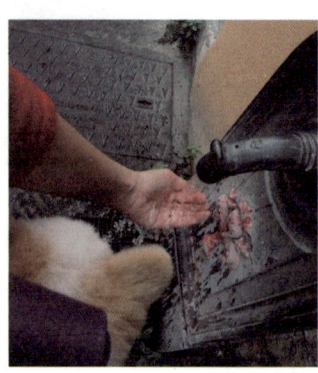 

#10
공존,
나와 다름을 인정하는 것

볼로냐에서 맛있는 음식을 실컷 먹고 싶다는 기대에 부풀어 아침부터 신이 났다. 피렌체에서 기차로 이동하면 1시간 정도가 소요되는 가까운 거리였기에 당일치기로 다녀올 수 있었다. 우리는 기차에 올라타 크루아상을 나눠먹으며 기차에 몸을 맡겼다. 이탈리아의 시골풍경을 구경하다 보니 금세 목적지에 도착했다. 볼로냐 도심으로 들어서니 웅장하고 붉은 건물들이 연이어 나타났다. 이곳 역시 한때 매우 부유한 도시였음을 짐작케 하는 모습이었다. 세계에서 가장 오래된 대학이 있는 곳답게 학생들도 많이 보였다.

보호자가 지켜줘야 할 반려견의 행복

아인이는 내가 먹는 음식을 주지 않으면 콧방귀를 "킁!킁!"

댕댕이 친구들! 이탈리아 여행가개!

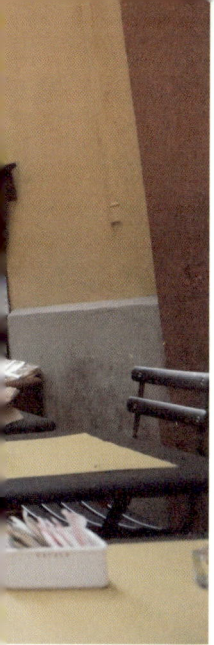

뀌어대며 불만을 표시하듯 등을 돌리고 앉았다. 한국에서는 없었던 버릇인데, 아인이에게도 볼로냐는 참기 힘든 유혹인가 보다. 그러나 '건강은 네 평생의 삶의 질을 좌우하니까.' 대신 커피집에 앉아 아인이에게 영양제와 딸기 우유껌을 조금씩 잘라주었다. 사실 나는 어리석게도 맛있는 것을 많이 먹는 것만이 반려견으로서 느낄 수 있는 가장 큰 행복이라고 생각했고, 그것이 편협한 사랑이었다는 것을 반려견 산타를 떠나보내고서야 깨달았다. 이제야 반려견이 몸 아프지 않고 건강한 삶을 살도록 해주는 것, 친구들과 함께하는 즐거움, 신나게 뛰어노는 즐거움을 알게 해주고, 새로운 냄새를 맡고 소리를 들으며 세상을 배워나갈 수 있는 환경을 마련해주는 것, 짧은 삶을 살면서 다양한 행복을 느낄 수 있도록 해주는 것이 좋은 보호자의 역할이라는 것을 깨닫게 됐다.

　숙소로 들어가는 길목에 있는 슈퍼. 반려견 금지 표지판도 보이지 않는 그곳에는 식품이

낮게 진열돼 있었다. 피렌체가 아무리 반려견 친화적인 곳이라 해도 뼛속 깊이 박힌 습관 때문에 가게에 들어설 때면 멈칫하게 됐다. 그러다가 아이를 업고 한 손에는 장바구니를, 그리고 나머지 한 손에는 아인이보다 살짝 큰 반려견의 목줄을 잡은 채 쇼핑을 하는 아이 엄마가 눈에 들어왔다. 지극히 평범한 일상을 보내고 있는 그녀에게서 위축된 모습은 조금도 찾아볼 수 없었다.

자연스러운 그 모습이 낯설게 느껴졌다. 반려견과 아이의 공존. 우리나라에서는 정말 보기 힘든 조합이었다. 우리나라에선 아이를 낳으면 반려견과의 공존이 버거워지기 때문에 반려견을 파양하는 사람들이 더러 있다. 반려견이 함께할 수 있는 장소가 제한적이고, 반려견 출입이 가능한 애견카페는 대개 노키즈존이기 때문에 모두가 함께할 수 있는 공간은 집과 공원뿐이다. 결국 아이 엄마는 둘 중 하나를 포기해야 하는 상황에 놓이게 된다. 우리 모두가 함께 행복할 수는 없는 것일까? 슈퍼에서 지극히 평범한 일상생활을 하고 있는 보호자를 보면서 이토록 자연스럽고 당연한 일이 우리나라에서는 왜 불가능한지 안타까웠다. 소수가 빚어낸 부정적인 선입견 때문에 보호자로서의 책임을 다하는 사람들의 일상이 제한되고 손가락질 당하는 것은 부당하게 느껴졌다.

나와 다름을 이해하는 것

슈퍼에서 반려견과 동행하더라도 한 사람으로서 존중받는 이곳. 나는 마음 놓고 먹거리를 장바구니에 담으며 아인이가 말썽을 부리지 않을지 주의를 기울였다. 노랗게 가로등이 비춰주는 숙소로 향하는 저녁 길이 너무나도 아름답고 평온하게 느껴졌다. 아인이와 일상생활을 할 수 있다는 것만으로도 기분이 좋아졌고 우리나라에서도 좀 더 많은 곳에서 일상을 공유한다면 얼마나 좋을지 상상했다.

우리 반려견들도 따가운 시선을 받지 않으며 보호자와 평범한 일상을 함께할 수 있는 날이 올까? 반려견 문화가 정착하는 과정이지만, 아직까지 우리나라에서 공존이란 반려견이 출입할 수 있는 장소를 지정해주는 것에 그치고 있다는 사실이 안타까웠다. 반려견 공원이나 반려견 동반 카페가 늘어나고는 있지만 반려인과 비반려인을 분리하는 '시설'에 초점이 맞춰져 있고, 반려견 보호자의 에티켓과 문화정착, 비반려인의 안전교육이나 마찰 없는 공존을 위한 '의식 개선'에는 진전이 없다는 점이 아쉬웠다. 울타리 없는 공간에서도 서로 안전하고 조화롭게 지내기 위해선 반려인과 비반려인 모두의 인식 개선이 필요하지 않을까?

우리는 어쩌면 나와 다름을 인정하고 의식하지 않는 자연스러운 공존이 아닌, 서로를 의식하며 공존의 범위를 지정해주는, 공존의 의미를 상실한 '공존 아닌 공존'을 선택하고 있는 것일지도 모르겠다. 그럼에도 우리 모두가 행복하게 공존

할 수 있는 날이 오기를 기대했다.

보호자라면 반려견이 언제 소변을 누려 하는지 알 거예요. 소변을 누기 전 취하는 행동을 할 때 리드줄을 살짝 잡아당기면 언제 실례를 하면 안 되는지 학습할 수 있어요. 이런 교육은 반려견의 보호자가 되는 순간부터 지녀야 할 의무이자 책임감이고, 이것이 반려견과의 공존에 대해 긍정적인 인식을 심어줄 수 있는 방법이라 생각해요.

03.
피사의 사탑과
해안마을 친퀘테레

반려견을 동반하고도 도시를 마음껏 거닐며 수많은 상점을 방문할 수 있었고, 음식점에 들러 아무 문제없이 식사가 가능했다. 타인의 시선에서 벗어나 마음에 제대로 쉼표를 찍을 수 있었던 하루하루였다. 지극히 일상적인 장소에 아인이와 동행할 수 있었다는 사실에 너무나 행복하고 감사했다.

#11
"제가 들어가도 될까요?"

피사에 도착하자마자 고생이 시작됐다. 출구를 잘못 찾아 역의 쪽문으로 나왔는데, 쪽문에는 아무것도 없었다. 다시 정문을 찾기 위해 짐을 끌고 역을 크게 한 바퀴 도는데 그 와중에 아인이는 빨리 내려 달라고 계속 보챘다. 설상가상으로, 구글맵에서 숙소까지 가장 **빠른** 경로를 찾아보니, 도보만 안내해주고 버스노선을 알려주지 않았다. 가장 **빠른** 경로가 도보로 25분 거리. 한 손에는 트렁크를 쥐고, 한쪽 어깨에는 아인이가 들어가 있는 가방을 들쳐 메고 무작정 숙소까지 걸었다.

한 40여 분을 걷다 우여곡절 끝에 도착한 피사의 숙소는 자동 체크인 시스템이어서 호스트를 볼 일 없이 바로 룸으로 향했다. 숙소는 3룸 구조였는데, 나는 그중 방 하나를 사용할 수 있었고 부엌과 화장실은 공용이었다. 그간 다른 숙소에는 방마다 화장실이 있어 문을 열어두고 샤워를 했었는데, 피사 숙소에는 개인욕실이 따로 없어 아이니를 데리고 공용 욕실에 들어가 씻어야 했다. 혼자 방에 두면 낯선 곳에서 불안해할 게 뻔했다. 사실 여행 내내 개인욕실에서 샤워를 할 때면 문을 열어두었고, 화장실을 사용할 때도 아이니와 함께 했다. 맡겨둘 사람이 없으니 어쩔 수 없는 선택이었다.

피사의 사탑

따뜻한 샤워를 마치고 피사의 사탑을 향해 걸었다. 수많은 사람들이 사탑 앞에서 포즈를 취하고 있었다. 사탑 앞의 드넓은 잔디는 벌써부터 사람들로 가득했다. 관광객뿐만 아니라 현지인들이 어린아이들과 또는 반려견과 동반산책을 하거나, 독서를 하기도 하고, 간단한 먹거리를 즐기는 장소이기도 했다. 잔디는 모두가 출입할 수 있는 개방된 곳이었다. 깨끗하게 사용하고 훼손하지만 않으면 반려견 출입이 허용되는 곳이었다.

어둑어둑해질 무렵까지 사탑을 둘러싼 성벽 주변을 둘러보다가 아이니와 함께 다시 사탑 앞 잔디밭을 찾았다. 그곳의 야경은 이탈리아에 여러 번 온 나도 처음 본, 정말 특별한 광경이었다. 훤히 조명이 비춰진 사탑 아래 가득한 노란 조명이 밤 공기를 더욱 아늑하게 만들어주었다. 해가 져버린 그 시각, 관광객이 떠난 이곳은 현지인들의 쉼터였다. 시끌벅적한 분위기는 온데간데 찾아볼 수 없었고, 잔디밭에서는 반려견과 가족들이 시간을 보내고 있었다. 나도 아인이와 함께 앉아 옆으로 몸을 기울여 사탑을 바라보고 잔디에 누워 바라보다가 잔디에 대자로 뻗어버렸다. 숨을 크게 들이쉬고 내쉬었다. 내 배 아래에 엉덩이를 살포시 대고 앉은 아인이가 내 들숨과 날숨의 속도에 따라서 흔들거리고 있었다.

처음 이탈리아 여행을 결심했을 때, '반려견 동반 여행은 사람들에게 불편을 준다', '개는 집에 있어야 한다'와 같은 수많은 기우 섞인 잔소리를 들어야 했다. 그러나 지금까지 나는 '그 어떤 제제'도 받지 않았으며 '그 어떤 불편한 시선'을 느끼지 못했다. 아인이를 씻기고, 먹이고, 재우고, 뒤처리까지 해야 하는 일이 '어떤 하루'의 일상과 같았다. 아인이를 가방에 넣어 메고 다녀야 하는 번거로움은 이미 내 짐을 줄여서 온 것으로 대체 가능했고, 여행지에서 들고 다니는 가방의 무게와도 같았기에 이 정도의 수고는 참을 만했다. 우리가 여행에 수반되는 힘든 과정을 감수하듯이 반려견과 함께 떠나는 여행도 힘든 과정이 수반되는 또 다른 형태의 여행일 거라는 생각이 들었다. 챙겨야 할 것이 조금 많아지기는 했지만 해보지 않으면 절대 몰랐을 것들, 하지 않고서 단정 지을 수 없는 것들이 이번 여행 곳곳에 숨어 있었다. 아무튼, 아인이와 여행을 함께 떠나오길 잘했다.

'이 정도 개고생쯤이야 할 만하지.'

#12
"피사의 사탑에서 사진 찍은 댕댕이랍니다"

　차분히 아침을 시작하고 싶은 마음에 조금은 한적한 곳으로 가고 싶었다. 그러다가 운이 좋게도 골목 사이에서 조용하게 피사의 사탑을 바라볼 수 있는 카페에 자리를 발견했다. 이동가방에 아인이를 앉히고 빵을 조금씩 잘라 입에 넣어주었는데, 분주하게 움직이던 내 손이 멈추면 아인이는 '아오아오' 하면서 내 팔을 긁으며 더 달라고 재촉했다. 고요한 아침, 차분하게 반려견과 식사를 나눠먹는 모습이 보기 좋았는지 카페에 들른 손님들과 직원은 미소를 지었다.
　"얼마나 지불해야 했나요?"
　남아공에서 온 관광객들이 아인이를 보자 일부러 우리 옆자리에 앉아 관심을 보이며 질문을 했다. 아인이를 분양받으려면 얼마나 지불해야 하는지 묻는 아주 직설적인 질문에 적

댕댕이 친구들! 이탈리아 여행가개!

3. 피사의 사탑과 해안마을 친퀘테레

지 않게 당황했다. 그리고 또 다른 직설적이고도 날카로운 질문이 이어졌다.

"한국 사람들은 개를 먹나요?"

나는 그 질문에 쉽게 대답할 수 없었다. 사실 그것은 단순히 섭취의 문제로 볼 수 없었다. 손쉬운 분양과 손쉬운 파양, 유기. 결국 안락사를 당하거나 식용견이 되는 반려견의 비참한 현실들……. 평생을 갇혀 번식에 이용되다 죽음을 맞이하는 번식견과 식용견을 떠올리며 그 악의 고리를 어디서부터 설명해야 할지 몰랐다. 적당한 대답을 찾지 못해 짧게 답하고 황급히 일어서야만 했다.

"그건 불법이에요."

불쾌함과 민망함으로 머릿속이 복잡해져서 터덜터덜 걷다 들어간 슈퍼에서 점원으로부터 왜 아인이를 걷게 하지 않느냐는 질문을 받았다. 남아공 관광객의 날카로운 질문에 잠시 긴장을 했던 터라 점원의 질문에 다소 흠칫 놀랐다. 그러나 곧 그의 질문이 '반려견이 혹시 아파서 걸을 수 없는지', '왜 인형처럼 안고 있느냐'는 질문에 가까운 것임을 그의 눈빛을 통해 알아차렸다. 반려견이 네 발로 함께 입장하는 것이 일반적인 사회적 분위기이기에 받을 수 있는 질문이었다.

"왜 강아지를 안고 다니나요? 이 아이가 아픈가요?"

사실 나는 여행 초반에 이런 질문을 자주 받았다. 분명 이탈리아가 반려견에 호의적이라는 것을 알고 있음에도 아인이를 매장에서 내려놓기 어려웠다. 그동안 우리나라에서의 경험과 기억들이 내 마음속에 굳은살처럼 박혀 매장 앞에 설 때면 나를 위축시키곤 했다. 당당하게 들어설 수 있음에도 혹시나 민폐로 비추어질 것을 우려해 아인이를 가방에 앉혀 들어가도 될지 조심스레 물어보게 됐다. 하지만 나의 이런 행동은 이곳에선 반려견에게 개다운 삶을 살도록 하지 않는 '과보호'로 비추어졌던 것 같다.

"그래, 아인아 이제 내려서 걷는 거야."

어둑어둑해질 무렵 피사의 사탑으로 돌아와 잔디에 앉아 있다가 한 보호자가 반려견의 줄을 풀어놓는 모습을 보게 됐다. 그녀는 자신의 반려견 니키와 아인이가 서로 냄새를 맡는 것을 보더니 내게 줄을 풀고 아인이를 놀게 해주라고 말했다. 규정대로라면 반려견은 1.5m 미만의 목줄을 공공장소에서 반드시 착용해야 하고 목줄을 풀어두어도 되는 공원이 따로 지정되어 있지만 사람이 없을 때는 보호자의 판단 하에 풀어놓는 분위기라고 했다. 혹시 싫어하는 사람이 있을지 물어봤는데, 눈치를 주는 사람은 없다고 했다. 나는 이탈리아의 규정을 알고 있기에 줄을 도무지 놓을 수가 없었다. 우리나라에서 나는 항상 나 때문에 모든 보호자가 피해를 입을지 모른다는 생각에 사람이 없어도 아인이를 공원에서도 풀어둔 적이 없다. 아인이의 줄을 놓기가 겁이 났다.
"여기 아무도 없잖아요! 뭐가 무서워서 그래요?"
성벽으로 둘러싸인 잔디, 그리고 그 주변에 아무도 없는 것을 살피곤 잡고 있던 아인이의 줄을 처음으로 놓았다. 아인이는 내가 줄을 놓자 쉴 새 없이 무한대를 그리며 토끼처럼 뛰어다녔다. 아인이는 지칠 때까지 뛰다가 내게 다가와 몸을 비볐다.
무엇이 그토록 두려웠던 것일까? 사실 나는 어느 순간부터 사람의 시선을 두려워하기 시작했다. 목줄을 채우지 않은 보호자를 신고하면 포상금을 받는 '개파라치' 논란이 있을 무렵이었을 것이다. 지나다니는 사람이 아인이나 내게 시선을 둘 때면 덜컥 겁이 났다.
'왜 자꾸 이쪽을 보는 거지? 혹시 내가 실수하기를 기다렸다가 신고하려는 걸까?'
언제나 줄을 놓지 않고 있었음에도 나와 아인이를 향한 시선은 내게 잠재적 위협으로 느껴졌다. 심지어 반려견에 우호적인 시선조차도 불편했다. 사람이 가장 두려워진 것이다.

파양 사유 = 사람

니키의 보호자와 이야기를 하던 도중 아인이가 유기견이었다는 사실에 그녀는 대뜸 "사람들이 문제에요"라고 말했다. 우리나라 사람들은 언제나 "왜 파양된 거예요?"라는 질문을 가장 먼저 하곤 했다. 파양의 이유를 반려견에서 찾고 있었던 것이다.

사실 아인이를 입양했을 때 소변문제 때문에 여러 번 파양되었다고 들었다. 아인이는 우리 집에 온 뒤 마치 파양 사유를 확인이라도 해주듯 집안 곳곳에 소변을 누기 시작했다. 책과 인터넷에서 정보를 수집해 교육을 해도 문제가 해결되지 않자 인테리어를 포기하고 집 안 곳곳에 배변패드를 붙였다. 집이 정돈되지 않은 것을 못 보는 성격인 나로서는 많은 것을 포기한 셈이었다. 그래도 이 작은 생명과 함께하기 위한 일이라 생각하니 벽에 배변패드 붙이는 일쯤은 아무것도 아니었다. 나는 다시 처음부터 나만의 방식으로 배변교육을 시작했고 이런 내 노력으로 아인이가 두 달 만에 소변을 가리기 시작했다.

아인이는 내가 집에 들어오면 반가운 나머지 흥분하면서 옷에 소변을 지리고는 했는데, 그때면 자신의 실수를 감추기라도 하듯 눈치를 보며 납작 엎드려 소변을 먹으려 했다.

'대체 무슨 일이 있었던 거니…….'
그 모습에 마음이 아파서 아인이를 나무라고 싶지 않았다. 그래서 집에 돌아오면 현관에 앉아 아인이를 조용히 쓰다듬는 것이 내 일과가 되었다.
"괜찮아."
소변은 파양의 이유가 될 수 없었다. 지구상에서 지능이 가장 높은 인간이 반려견이 지닌 문제를 지혜롭게 해결해나갈 수 없다는 것은 핑계 같았다. 반려견이 변하지 않는다면 내가 변하면 된다. 파양 사유는 전적으로 보호자의 능력 부족, 노력 부족, 마음 부족 때문이었다.

피사의 사탑에서 컨셉 사진을 찍는 수많은 이들 가운데 반려견은 아인이 하나뿐이었다. 피사의 사탑을 배경으로 재미있는 아인이 인증사진을 찍을 생각에 마음이 들떴다가 어떤 생각에 마음이 다시 잠시 가라앉았다.
'언젠가 나 혼자 사진을 바라보며 추억하는 날이 오겠지.'

그래서 더욱 사진에 공을 들였다. 피사의 사탑 아래 펼쳐진 잔디에서 뛰노는 아인이를 보며 이곳까지 함께해주었다는 사실에 감사했다. 아인이를 입양한 후 내 일상이 바빠지고 큰 변화가 찾아왔지만 그 덕에 나는 더 행복하고 특별한 나날을 보내게 됐다. 이렇게 함께 이탈리아까지 오게 됐으니 말이다. '아인이가 별난 엄마를 만나 별난 삶을 살게 되네!' 부디 이 행복한 나날을 아인이가 잊지 않길 바랄 뿐이었다.

"아인이 여기 봐!!!"

우리의 손을 놓지 말아주세요.

댕댕이 친구들! 이탈리아 여행가개!

#13
"제가 굳게 닫힌 슈퍼마켓 문을 열었어요"

"오마이갓 와우!!"

탄성소리가 여기저기서 울렸다. 기차를 타고 어두운 터널을 지나는데 중간쯤을 지나자 터널이 뚫려 있어 밖을 볼 수 있었다. 창밖으로는 눈부신 바다가 펼쳐져 있었다. 우리는 해안선을 따라 움직이는 기차에 몸을 맡긴 채 목적지로 향하고 있었다. 이 열차의 종착지는 친퀘테레.

리오마지오레-견생처음 바다

출발하기 전 짐을 피사 숙소에 맡겨두고 오기를 참 잘했다는 생각이 들었다. 친퀘테레, 특히 리오마지오레에는 계단이 많았다. 다행히 며칠 뒤 돌아가 다시 묵게 될 피사 숙소에 짐을 맡긴 터라 짐이 백팩과 이동가방뿐이어서 움직임이 비교적 자유로웠다. 리오마지오레의 온화한 햇빛은 알록달록한 집들이 가득한 마을 전체를 감싸고 있었다. 특이했던 점은 해안가에 위치한 마을임에도 생선의 비릿한 냄새는 전혀 맡아볼 수 없고 계속해서 꽃향기가 났다는 점이다. 해안가 집들은 미로처럼 서로 연결되어 있고, 계단식으로 이어진 좁다란 길도 이리저리 연결되어 있어 같은 골목을 돌고 돌아 똑같은 계단을 몇 번 오르내리기를 반복했다. 이곳의 모든 것은 너무나도 부드럽고 순하게 느껴져 몽글몽글 솜사탕 위를 걷는 기분이었다.

드디어 아인이가 처음으로 바다와 마주하는 순간이었다. 아인이는 출렁거리는 바다를 향해 고개를 갸우뚱거리며 다가갔지만 파도가 밀려오면 물에 닿을세라 화들짝 놀라 달아났다. 견생 처음 보는 바다가 신기한 모양이었다. 그러나 이내 곧 폴짝폴짝 엉덩이를 씰룩거리며 파도와 밀당을 즐겼다. 우리는 마을이 한눈에 보이는 바위에 자리를 잡고 따사로운 햇빛을 즐겼다. 절벽에 다닥다닥 붙어 있는 집들의 지붕은 햇빛을 받아 각각의 울긋불긋 색을 자랑하며 푸르른 바다, 하늘과 대비를 이루고 있었다. 부드러운 햇살 뒤로 이어지는 바닷가 풍경, 이곳은 천국임에 틀림없다.

이탈리아에서도 조금 외진, 관광지에서 벗어난 이곳에 온

이유는 오직 아인이에게 바다를 보여주기 위해서였다. 바닷가 모래에 아인이의 조그마하고 사랑스런 발자국이 찍혔다 사라지는 것을 보면서 잠시 이제야 바다를 보여준 것에 미안한 마음이 들었다. 집에서 차로 몇 시간만 달리면 바다를 볼 수 있는 여행을 했던 적도 있었다. 하지만 대부분의 음식점이 반려견 입장을 금지하고 있기 때문에 제대로 된 식사 한 끼를 먹기 어려워 여행을 중단하고 돌아와야만 했다. SNS에 올라온 반려견 동반 여행사진들 중 숙소나 노상에서 포장된 음식을 먹고 있는 장면이 왜 그토록 많은지 이해가 되는 순

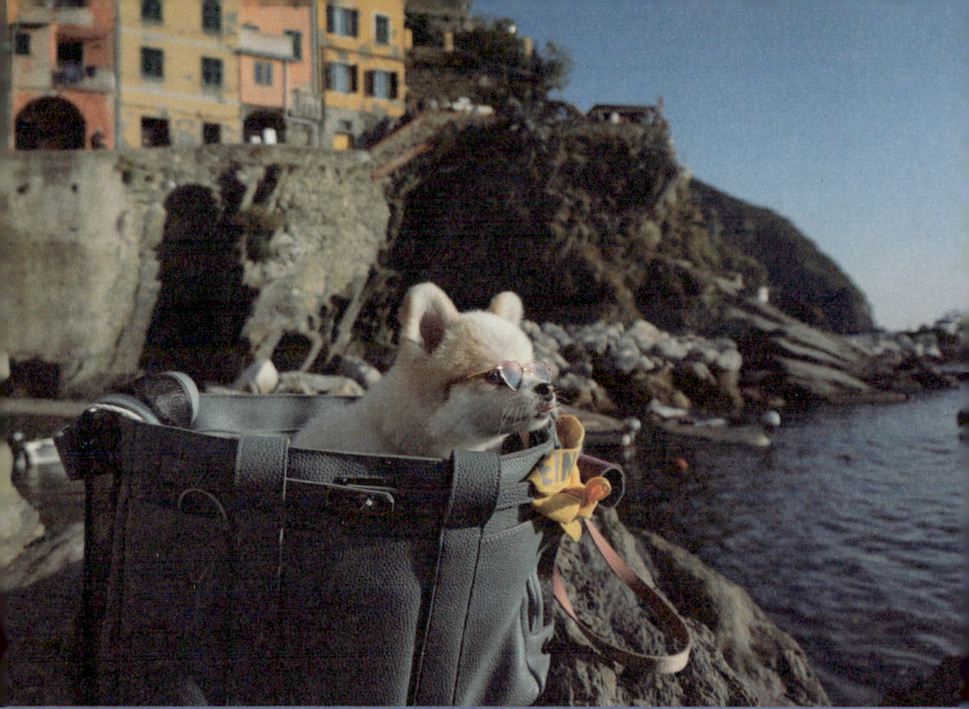
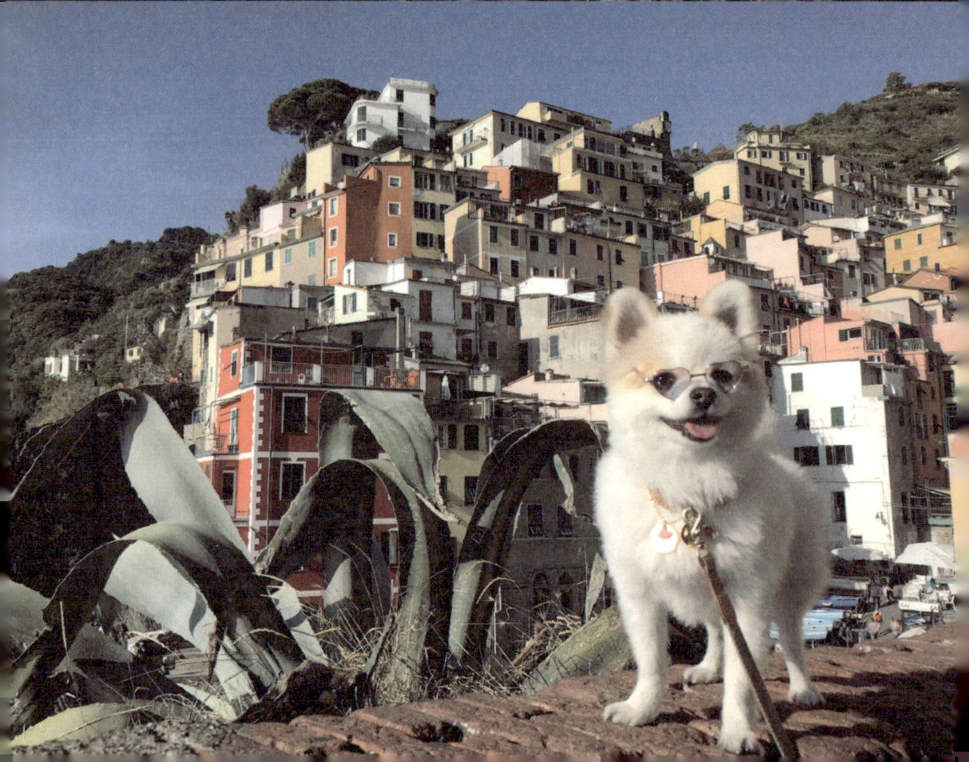

간이었다.

  해안선을 따라 걷다 보니 해수욕장 표지판이 보였다. 반려견 입장이 금지된 터라 들어가지 못했지만 가파른 해안도로 아래 사람들이 일광욕을 즐기는 모습이 멀리서 보였다. 반려견 입장이 가능한 해수욕장은 몬테로소에 있다고 했지만 해가 뉘엿뉘엿 저물고 있는 바닷가에 몸을 맞대고 앉아 형형색색 반짝이는 바닷물결과 알록달록한 집들의 모습을 바라보는 것만으로도 좋았다.

  숙소 앞 슈퍼에 사람들이 모여 툴툴대고 있었다. 주인이 문을 폐점 시간보다 일찍 닫아버린 것이다. 당장 마실 물도 사지 못했던 나는 절박한 마음에 아인이를 안고 창문을 똑똑 두드려보았다. 조금은 심술궂게 생긴 가게 주인이 무언가를 확인하듯 아인이를 발견하고는 문을 살짝 열어주고 우리가 들어오자 재빠르게 닫았다. 그런데 내가 가게에 들어가는 모습을 본 사람들이 줄줄이 소시지처럼 나를 따라 들어왔다. 그 주인은 잠시 툴툴대더니 손님을 잊은 채 아인이를 반기며 즐거워했고 아인이가 가방에서 나와 걸어 다니게 해볼 수 있냐고 물었다. 슈퍼 바닥에 과일이 널려 있었기에 그런 질문을 슈퍼 주인에게서 받게 될 줄은 몰랐다. 이곳에선 주인이 왕이었기에 폐점 시간도 반려견 입장도 주인 마음이었다.

슈퍼 주인의 관심이 온통 아인이에게 쏠린 덕에 사람들도 매장에 들어와 물건을 구입할 수 있었다. 이탈리아에서 반려견은 굳게 닫힌 문과 마음도 열 수 있는 것만 같았다. 이곳의 반려견은 사람들의 마음을 닫는 존재가 아닌 마음의 문을 열어주고 사람들을 이어주는 마스터키 같은 존재인 것이 분명했다. 음료수를 사들고 숙소로 돌아가 잠자리에 들 준비를 하는데 아인이가 먼저 평온하게 잠들어 있었다. 무슨 좋은 꿈을 꾸고 있기에 그런 행복한 모습인지 궁금했다. 그 어느 때보다 편한 얼굴을 하고 잠든 아인이의 모습을 보니 바다를 보여주기를 잘했다는 생각이 들었다.

　'이제 아인이도 꿈나라에서 바다를 볼 수 있겠지.'

오늘 견생처음으로 바다를 알게 됐어요. 파랗게 펼쳐진 물이 바다라는 사실은 놀라웠어요. 자꾸만 푸른 바다로 시선이 이끌렸어요. 저 아무래도 바다를 좋아하게 된 것 같아요.

#14
여행은 우리를 성장시킨다

'으악! 내가 이걸 왜 했지?!'
 마음속에서 백 번이고 천 번이고 절규했다. 평소 산행을 하지 않는 내가 이탈리아에 와서 돌연 산행이라니! 맙소사, 잘못된 선택이었다. 그러나 아인이와 동행하는 나도 나름 보호자이기에 힘든 내색을 할 수 없었다. 헉헉대며 "아인아 조금만 더 가면 돼!"라고 말했지만 사실 그것은 스스로에게 하는 말에 더 가까웠다. 아인이는 즐거운 표

정으로 나를 뒤돌아보다가 귀를 토끼처럼 젖힌 채 앞으로 총총 뛰어가다가도 잠시 멈춰 나의 컨디션을 살피는 듯 뒤를 돌아 나를 지긋이 바라봤다. 힘든 나머지 두 번 다시 산행을 하지 않겠다고 다짐하던 찰나 잠시 멈춰 바다를 향해 시선을 돌렸는데 바다와 마을이 어우러진 장관이 펼쳐졌다. 파란 하늘과 수평선 그리고 멀리 보이는 마을과 마을 전체를 감싸고 있는 꽃들 그리고 내 옆에 묵묵히 서서 미소 짓고 있는 아인이.

"아인아, 우리가 이 풍경을 함께 보기 위해 이탈리아에 온 거구나."

친퀘테레 트레킹

코닐리아에서 베르나차까지 트레킹코스는 대략 한 시간 반 정도 걸렸다. 애초부터 내 여행계획엔 산행이 없었지만, 이곳에 오면 반드시 트레킹을 하고 돌아가야 한다는 숙소 주인의 말에 간밤에 결심한 즉흥적인 일정이었다. 다리가 후덜거리며 지칠 때쯤 길거리악단의 음악소리가 들렸고 선선하고 기분 좋은 바람에 꽃향기가 실려 왔다. 후각이 민감한 아인이도 이리저리 호기심 가득한 얼굴로 냄새를 맡으며 산행을 즐겼다. 코스가 생각보다 힘들었던 탓에 트레킹을 선택한 것에 약간의 후회감이 밀려올 즈음, 맞은편에서 큰 반려견과 함께 걸어오는 가족이 보였다. 이후 나는 반려견과 함께 트레킹을 하는 사람들을 곳곳에서 자주 만났다. 길이 좁아질 때면 반려견이 지나가도록 길을 양보해주며 그저 각자 서로에게 길을 양보하며 가던 길을 갈 뿐이었다. 한 가족에 완벽하게 녹아든 반려견들의 모습이 평화롭고 자유로워 보였다.

오늘의 최종 목적지인 베르나차의 전경은 참 여성적인 느낌이었다. 내 앞에 펼쳐진 탁 트인 푸른 바다, 포근한 태양이 잔잔한 파도 위에서 반짝반짝 빛나는 모습. 그 모습이 너무나 아름다운 나머지 왠지 모르게 눈에 눈물이 고였다. 반려견과 함께하는 삶을 선택한 이후로 짊어져왔던 모든 마음의 짐으로부터 해방되는 느낌을 받았고, 그 행복감에 갑자기 가슴이 먹먹해졌던 것 같다. 그동안 집과 공원 그리고 애견카페만을 오가는 반복적인 생활 속에서 느껴왔던 설움을 날려주는 한방. 이곳에는 그 어느 누구의 손가락질도 받지 않으며 아름다운 풍경을 마음껏 볼 수 있는 자유가 있었다. 푸른 바다와 햇살과 따뜻한 바람이 우리를 감싸 안아주며 그동안 가시 돋친 말로 상처받아 너덜너덜해진 마음을 위로해주는 것만 같았다.

댕댕이 친구들! 이탈리아 여행가개!

공존을 위한 교육

튀김을 먹고 있는데 한 여자아이가 아인이를 만져도 될지 물었다. 나는 "물 수 있으니 만지지 않는 것이 좋겠다"고 말했지만 그 아이는 아인이를 뚫어져라 바라보다가 머리 위에 손을 올려놓으려 했다. 아인이는 경고하듯 으르렁댔고, 아이의 손이 더 다가오자 짖기 시작했다. 결국 아이는 울음을 터트리며 엄마에게 안겼다. 나는 우리나라에서 그랬던 것처

럼 반사적으로 아이의 어머니에게 사과를 하고 아인이를 혼냈다.

"물 수 있다고 경고했잖아. 하지만 네가 말을 듣지 않고 만졌어. 네 선택은 네 책임이야."

아이 엄마가 우는 아이에게 이렇게 말하고는, 내가 사전에 주의를 줬으니 사과할 필요도 아인이를 혼낼 필요도 없다며 아이에게 선택과 책임을 가르쳐야 한다는 단호한 입장을 보였다. 아이의 교육에 나의 사과는 도움이 되지 않는 모양이었다. 더 이상의 사과는 실례였다. 문득 한국에서의 일들이 떠올랐다.

"우리 아이가 놀랐잖아요! 빨리 사과하세요!"

울음을 터트린 아이의 엄마가 나와 아인이를 노려보며 소리쳤던 말이다. 달려오는 아이의 모습에 놀란 아인이가 경계하며 짖었고 그 때문에 아이가 울었던 것이었다. 소리치는 아이 엄마에게 나는 머리를 조아리며 사과했다. 우리나라 반려견의 보호자들은 이런 상황에 익숙하다. 빨리 사과를 하면 분쟁의 상황을 피할 수 있었다. 그런데 그것이 과연 올바른 대처였을까?

반려견이 경계를 심하게 하는 경우에는 낯선 사람들이 다가오거나 만지지 못하도록 보호자가 일러주는데, 우리나라에서는 그것을 불쾌하게 받아들이거나 무시하고 만지는 경우도 더러 있다. 경고한 대로 반려견이 경계를 하면 "개가 사납네"라는 소리에 보호자는 언제나 사과해야 하는 입장이 된다. 반려견이 외부의 위협으로부터 자신을 방어하는 것은 지극히 본능적인 일이고 만지지 않으면 문제가 발생할 일도 없을 것이다. 사고와 마찰을 예방하기 위해서 반려견 교육이

필수인 만큼 사람들도 나와 다른 존재의 의사를 존중하는 법을 배운다면 편안한 공존이 가능하지 않을까? 진정한 '공존'은 누군가를 굴복시키는 것이 아닌, 서로의 입장을 헤아려 배려해야 가능한 것이 아닐까?

베르나차에서 만난 아이의 엄마는 아이에게 동물의 행동을 이해하고 이들과 공존하는 방법을 가르치고 있었다. 이것은 동물로부터 스스로를 지키고, 나와 다른 대상을 이해하는 방법을 가르치는 것이기도 했다.

친구의 손길을 거부해 미안해요. 하지만 제가 지금까지 경험한 손길이 언제나 따뜻한 것만은 아니었어요. 차차 사람들의 따뜻한 손길을 배워나가면서 성장할 수 있어요.

#15
반려견은 훌륭한 여행메이트

다시 피사로 돌아가야 하는 시간이 왔다. 그러나 나의 피사행 복귀 여정은 그리 순탄치 않았다. 피사행 기차표를 사야 하는데 티켓 발권기 줄이 길어서 원래 타려고 했던 기차를 놓치고 급하게 오른 다른 열차에서도 피사로 향하는 환승역을 놓쳐버렸다.

나는 아인이와 듣도 보도 못한 아울라 루니지아나Aulla Lunigiana라는 역에 덩그러니 앉아 기차를 기다렸다. 정말 계획대로 되지 않는 지루하고 외로운 하루였다. 그나마 다행인 것은 티켓 구입 후 1시간이 경과하지 않았기 때문에 티켓을 다시 살 필요가 없다는 점이었다. 기차를 놓쳤다고 해서 딱히 놀라거나 당황할 필요는 없었다. 여행 중에는 이런 일이 종종 발생하기 마련이고 계획에 없던 새로운 곳을 경험할 기회가 생긴다고 생각하면 된다. 그저 아인이와 내가 안전하게 도착하기만 하면 그만이었다.

불편한 변수도 여행의 묘미다

나는 여행경험이 많은 편이다. 매번 조금씩 다른 도시를 방문했지만 내가 기억하는 이탈리아 여행만 다섯 번째였다. 아버지의 주재원 발령으로 어린 시절을 독일에서 보냈고 그것이 연이 되어 다시 독일로 교환학생과 연수를 오게 되었다. 독일에서 여행하기 가까운 거리이다 보니 이탈리아를 방문하는 것이 비교적 수월했고 그 때문에 기차를 갈아타는 것에 크게 어려움을 느끼지 않았다.

기차를 놓친 일은 별일이 아니었다. 생각해보면 그동안 여행을 하며 정말 많은 일을 겪었다. 최근 몇 년 전에는 베를린에서 베네치아로 운행하는 베를린 공항이 파업을 하는 바람에 타려 했던 비행기를 타지 못한다는 사실을 출발 10시간 전에 통보받은 적이 있다. 친구와 나는 숙소를 당일에 취소하면 환불받을 수 없으니 '해보자!'라는 생각으로 새벽 4시에 일어나 프라하행 버스에 탑승했다. 그리고 예정에 없었던 3시간 프라하 투어를 한 뒤, 프라하에서 베네치아로 향하는 비행기에 탑승했다. 몇 시간 만에 계획하지도 않은 국경

넘기를 두 번이나 하게 된 것이다. 그때 나는 프라하행 버스 안에서도 남는 건 사진뿐이라며 친구와 깔깔대며 화장을 하고 고데기까지 말고 있었다.

해결할 수 있는 문제라면 즐거운 여행을 울상으로 보낼 필요가 없었다. 대학생 때는 바로 전 기차가 선로에서 벗어나는 바람에 일정이 모두 밀려 낯선 곳에서 하루를 지내야 했던 적도 있었고 지갑을 도난당한 적도, 현금인출기에서 돈을 인출하지 못해 민박집에서 쫓겨난 적도 있었다. 어차피 여행이라는 것이 새로운 경험을 하러 가는 것이기에 예기치 못했던 일도 해결할 수만 있다면 추억거리가 된다. 변수가 발생하더라도 좌절할 필요가 없었다. 불편한 변수도 여행의 묘미가 되고 내 이야기 상자 속 보물이 될 테니 말이다. 아직까지도 나는 내 친구와 그때 우리가 베네치아 여행을 포기했더라면 재미있는 이야깃거리가 없었을 거라며 추억하곤 한다. 이번 피사행 여정도 예상보다 조금 늦어질 뿐이었다.

그런데 참 신기한 일이었다. 곤히 잠들어 있는 이 작은 녀석이 내 마음을 안정시키고 단단하게 해주는 듯했다. 여행을 하는 데 있어 동행은 중요하다. 누구와 함께하느냐에 따라 여행에서 경험하고 느끼는 것이 달라져 내가 평생 간직할 추억 이야기가 달라지기 때문이다. 주변 몇몇 사람들에게 반려

댕댕이 친구들! 이탈리아 여행가개!

견과 함께하는 여행이 의미가 없고 힘들지 않겠느냐는 질문을 받았는데 해보지 않은 여행에 '글쎄'라고 답했지만 이제 나는 단호하게, 자신 있게 말할 수 있게 되었다. '반려견은 훌륭한 동행'이라는 것을.

 반려견 동행이 어찌 보면 챙겨야 할 것도 많아지고 제한도 많아서 함께 여행하는 일이 수고스러운 일처럼 느껴지기도 할 것이다. 하지만 이들의 동행이 '사람의 동행'과 다른 것이 있다면 오로지 '지금'이라는 현재시점에 집중할 수 있다는 점이다. 꼭 보아야 할 것, 먹어봐야 할 것, 해봐야 할 것과 같은 여행의 목표치가 비교적 낮다 보니 바쁜 일정에 쫓길 일 없이 오히려 '지금'에 집중할 수 있어서 더욱 자유로워질 수 있다. 매 순간 오감을 열어둘 수 있기에 여행하는 순간에 충실할 수 있게 된다. 지난 네 번의 이탈리아 여행보다 이번 아인이와의 여행이 더 편안하다.

 결국 해질 무렵이 되어서야 우리는 피사에 도착했다. 기차를 놓치고 기다리고 다시 갈아

타는 데 꼬박 하루를 보낸 셈이다. 피로와 더위로 지쳐서 당장이라도 침대 위로 향하고 싶었지만 이미 내 옷들은 땀에 절어서 갈아입을 만한 옷이 없었다. 나는 아인이와 함께 호텔 근처 빨래방을 찾아 몇 가지 옷을 주섬주섬 세탁기에 넣었다. 빨래와 건조에 각 2유로가 들었고 시간은 그리 오래 소요되지 않았다. 영화에 종종 나오는 한 장면처럼 아인이와 나는 빨래방에 걸터앉아 서로를 의지하며 멍하니 정해진 세탁 코스가 끝나기를 기다리고 있었다.

빨래를 세탁기에서 건조기로 옮기다가 아인이의 옷을 떨어뜨렸는데 한 여성이 그것을 건네주다가 손바닥만 한 옷을 보고는 너무도 사랑스럽다는 듯이 웃음을 터트렸다.

아무래도 아인이는 나와 다른 사람 사이에서 즐거운 대화거리를 주고 있는 것이 분명했다. 사람들이 내게 말을 걸어왔고 그 덕에 나는 낯선 사람들과도 어색하지 않게 대화할 수 있었다. 이런 점은 우리나라나 외국이나 마찬가지인 것 같았다. 나이, 성별은 상관없었다. 반려견을 키운다는, 또는 키웠다는 사실 하나만으로도 대화를 나누며 공감대를 형성할 수 있었다. 이것은 반려인들만이 아는 반려견이 가져다주는 소중한 선물이다.

그대로 숙소로 돌아가는 것이 아쉬워 빨래를 들고 우리는 다시 피사의 사탑 잔디에 자리를 잡았다. 신이 났는지 아인이는 이리저리 목줄을 물고 뛰어다니며 내게 장난을 걸었다. 지난번에는 보이지 않던 기타연주자가 피사의 사탑 바로 앞에서 연주를 하고 있었다. 관광객이 떠난 피사의 사탑은 매우 고요했고 오직 기타 소리만 성벽 안에서 울려 퍼지고 있었다. 그곳에서의 음악소리, 은은히 빛나는 사탑의 모습, 행복하게 이리저리 뛰어다니는 아인이의 모습이 오랫동안 기억될 것 같았다. 오늘은 누가 뭐래도 행복하기 그지없는 피사에서의 마지막 밤이었다.

04.
또 만나요, 이탈리아
"Arrividerci Italia"

"그 사람들은 행복을 버린 거예요."
반려견을 유기하는 사람들에 대한 말이었다. 나도 그 말에 고개를 끄덕였다. 반려견을 유기한 사람들은 자신에게 앞으로 다가올 행복을 유기한 것과 다름없었으니까. 쉽게 생명을 버리고 책임지지 않는 사람들에게는 생명이 주는 행복을 누릴 자격이 없다는 데 동의할 수밖에 없었다.

#16
'책임감'이라는 행복 자격증

　로마 테르미니 역에 곧 도착할 것이라는 안내방송이 나왔다. 나는 한국으로 돌아가기 전에 로마에 며칠 더 머무르기로 마음먹고 다시 로마행 기차를 탔다. 기차가 역에 도착할 즈음 출입구 앞에서 내릴 준비를 하며 창밖으로 승강장을 살피고 있는데 갑자기 아인이의 가방이 격하게 흔들리더니 한 여자가 날카로운 목소리로 소리를 쳤다. 목소리는 나를 향하고 있었다.

　"물어요?! Morde?!"

　한 여자가 아인이를 만지려 했고 아인이는 경고를 한 모양이었다. 만지려던 사람이 짜증을 내며 큰소리로 내게 소리친 것이었다. 아인이의 보호자로서 습관적 사과가 튀어나오려는 순간, 남편으로 보이는 사람이 그녀를 저지하며 이탈리아

4. 또 만나요, 이탈리아

어로 말했다. 말투와 분위기상 허락 없이 만진 그녀를 나무라는 것 같았다. 그 남자는 내게 미안하다고 말했고 그녀는 불만이 가득한 듯 입을 삐죽댔다. 주변에서 지켜보던 사람들이 신경 쓰지 말라고 하더니 입술로 "퐆" 소리를 내며 눈을 굴렸다. 내리기 직전, 잔뜩 화가 났던 그녀가 내 어깨를 톡톡 두드리더니 미안하다고 했다. 그녀의 무례함에 약간 예민해졌던 내 마음도 그녀의 쿨한 사과에 이내 언제 그랬냐는 듯 누그러졌다.

"그래도 함께하려면 해야죠."

홀로 서류를 준비하는 것이 힘들지 않았는지, 반려견과 함께 귀국하기 위해 지불한 금액이 부담스럽지 않았는지에 대한 나의 질문에 돌아온 그녀의 대답이었다. 우연히 만난 한국인 여성 관광객은 해외에서 일할 당시 반려견을 입양해 한국으로 함께 돌아왔다 했다. 반려견과 함께 귀국하기 위해 서류를 준비하려고 현지의 대행업체에 문의했는데 대행비가 3,000달러라 고민 끝에 스스로 서류를 준비했다고 했다. 그녀가 머물던 국가에는 항체가 검사 기관을 찾을 수 없어 서류를 스스로 작성하더라도 채혈 후 혈액을 해외로 보내는 비용도 만만치 않았다 했다. 그녀는 홀로 서류를 준비하면서

서류가 행여나 잘못될까 인천 국제공항에 당도할 때까지 마음을 졸였다고도 말했다. 나도 로마에 도착할 때까지 같은 마음이었기 때문에 그녀가 얼마나 마음을 졸였을지 조금이나마 짐작할 수 있었다. 그녀의 선택이 대단하다는 생각과 홀로 낯선 땅에서 마음고생하며 묵묵히 반려견과 돌아오기 위해 준비했을 것을 생각하니 왠지 모르게 마음이 저릿저릿했다. 반려견과 함께하려는 우리의 마음에는 생각보다 많은 대가가 따랐다.

반려견을 입양하면 행복이 찾아온다. 하지만 사람들은 그 행복에 책임이 따른다는 것을 모르는 듯하다. 그 책임의 무게는 반려견을 가족으로 받아들이면서 간과해선 안 될 정도로 막중하다. 한 생명의 건강과 행복을 평생 책임져야 하는데다, 교육의 의무를 다하고 에티켓을 지킴으로써 타인에게 피해를 주어선 안 된다. 반려견과 함께하는 것은 막중한 책임이 따르는 일이기에 반려견을 유기하는 사람들, 교육의 의무를 다하지 않는 사람들은 결코 반려견과 함께하는 진정한 행복을 맛볼 수 없다. 행복에도 '책임감'이라는 자격증이 필요하다.

댕댕이 친구들! 이탈리아 여행가개!

#17
반려견에게 좋은 보호자란?

눈을 떠보니 이미 해가 좁은 방 안을 가득 비추고 있었다. 전날 밤 나폴리에 갈지 티볼리에 갈지 고민을 하다가 잠들었는데 나폴리에 가기에는 늦은 시각이었다. 게다가 나폴리에는 깨진 유리조각이 바닥에 널려 있고 치안이 불안하다는 블로그 글이 영 마음에 걸려 티볼리로 마음이 기운 터였다. 아인이가 깨진 유리조각을 밟게 할 수는 없었다. 그렇게 우리의 행선지는 오늘 아침 갑작스럽게 티볼리로 정해졌다.

앰버와 아우레아

승강장을 겨우 찾아 허겁지겁 기차에 오르니 한 중년 여성이 아인이를 지긋이 바라봤다. 아인이와 눈빛을 교환하며 교감을 하고 있었다. 대부분 이곳의 반려견과 다른 작은 모습에 이끌려 귀여워하는 정도였는데, 그녀는 마치 마음을 읽을 것만 같은 그윽한 눈빛으로 아인이를 바라봤다.

어머니의 장례식을 마친 뒤 여행을 떠나온 그녀의 이름은 앰버. 슬픔을 동물과의 교감을 통해 치유받기 위해 승마 여행을 떠나왔다고 했다. 앰버는 내가 여태 만난 사람들과 달랐다. 시간을 두고 지긋이 아인이를 바라보며 얼굴을 마주했는데, 아무런 대화 없이도 오로지 눈빛만으로 자신의 이야기를 아인이에게 털어놓고 아인이를 통해 치유받는 것 같았다. 아인이는 누군가가 자신을 뚫어져라 바라보면 긴장하곤 하는데, 그녀의 눈빛에 오히려 더 차분해지는 것 같았다. 정말 어떤 감정을 교류하는 것이었을까?

문득 '스토리 독스Story Dogs'라는 호주의 독서 프로그램이 생각났다. '스토리 독스'는 자신감이 없거나 책 읽는 것을 어려워하는 아이가 치료견에게 책을 읽어주는 형식으로 이루어지는 독서 프로그램인데, 아이들이 읽기능력을 향상시키고 자존감을 찾는 데 매우 효과적이라고 했다. 치료견은 아이들이 책을 읽을 때 실수를 해도 비판하지 않고 묵묵히 들어주기에 아이들이 마음의 안정을 찾는다고 했다.

앰버도 비슷한 교감을 나누는 것일까? 그건 아마도 그녀가 한때 반려견의 보호자였기 때문에 가능했던 것 같다. 독일인인 그녀는 남아공에서 선생님으로 재직 중일 당시 키웠던 보더콜리 아우레아Aurea에 대한 이야기를 해주었다. 아우레아가 너무나 똑똑한 나머지 어디를 가도 목줄이 전혀 필요하지 않을 정도로 의젓해 영화관에도 자신의 수업에도 동행했다고 했다. 분위기를 읽을 줄 아는 아우레아는 조용해야 할 때 몸을 웅크리고 납작 엎드려 앉아 소리를 내지 않고 있었다고 했다.

하지만 독일로 돌아오면서 아우레아와 작별을 해야만 했다. 그녀는 당시 아우레아가 배로 이동하기 힘들 것이라 생각했고, 독일에 온다면 이전의 삶에서 누렸던 자유로움과 드넓은 자연을 더 이상 즐기지 못할 것이라는 생각이 들어 아우레아를 남아공에 남겨두고 왔다고 했다. 자연에서 뛰놀던 아우레아가 갑갑한 도시생활에 적응하기 힘들 것이라는 생각과 아우레아가 누리던 모든 것을 빼앗을 수 없다는 생각에 이별을 결정할 수밖에 없었다고 말했다.

"아우레아는 최고의 반려견이었어요. 언제나 의젓하게 상황을 판단할 줄 알았고 언제나 차분했어요. 우아하게 걸을 때마다 윤기 나는 털이 찰랑였어요."

그녀의 눈에는 아우레아와의 아름다운 추억이 가득했다. 그녀의 반려견 아우레아에 대한 찬사를 들으니 조지 고든 바이런의 〈어느 개에게 바치는 비문〉이 떠올랐다.

그는 아름다움을 가졌으나 허영심은 없었고,
힘을 가졌으나 오만하지 않았고,
용기를 가졌으나 잔인하지 않았고,
인간의 모든 미덕을 갖추었으나 악덕은 없었다.

티볼리에 다다를 무렵 우리는 연락처를 주고받았는데, 그때 갑자기 사람들의 탄성이 터졌다. 기차에서 바라본 풍경은 그야말로 장관이었다. 절벽으로 폭포가 떨어지는 것이 보였고 오래된 도시가 눈앞에 펼쳐졌다. 마치 판타지 영화 속 한 장면을 보는 것만 같았다. 그러나 나는 저 장관보다 지금 눈앞에 있는 앰버와 그녀의 반려견 아우레아에 더 마음이 쓰였다.

숙소로 돌아가는 길, 티볼리행 기차에서 만났던 앰버에게 연락이 왔다. 그녀는 반려견 아우레아에 대해 못다한 이야기를 하고 싶다며 이메일을 확인해보라고 했다. 앰버의 메일에는 아우레아에 대한 사랑과 죄책감이 담겨 있었다. 아우레아는 앰버가 남아공을 떠나자 집을 나가 자취를 감췄고 이후 누구도 아우레아를 보지 못했다고 한다. 예전에도 앰버가 여행을 다녀올 동안 아우레아를 지인에게 부탁한 적이 있었는데, 그때 아우레아가 앰버를 찾으러 나가 집에서 10km나 떨어진 곳에서 발견된 적도 있었다고 했다. 앰버가 아우레아를 두고 남아공을 떠난 날, 그날도 아우레아는 자신을 찾아 나섰던 것이 틀림없다고 했다. 앰버의 마음속에서 아우레아는 지금까지도 그녀를 찾아다니고 있었다. 그녀가 선물한 초원을 끊임없이 헤매며.

 아인이를 입양한 후부터 반려견의 행복과 보호자의 의무, 일반인으로서의 삶과 보호자로서의 삶, 그리고 반려인이 아닌 사람들의 시선 사이에서 눈치를 보고 줄타기를 하며 '좋은 보호자'라는 틀에 나와 아인이를 맞추느라 정작 나와 아인이를 생각하지 못하고 소중한 순간을 놓치며 살았던 것 같다. 하지만 이제는 그 많은 생각을 거둬들이고 아인이와 나를 있는 그대로 받아들이기로 결심했고, 타인에게 피해가 되지 않는 범위 내에서 반려견과 함께하는 순간이 주는 행복을 흘려보내지 않겠다고 다짐했다.

우리 댕댕이들에겐 사람을 위로하는 능력이 있어요.

유네스코에 등재된 빌라데스테는 중세시대의 빌라로 정원에 500개의 분수가 있는 빌라다. 그 분수의 특징은 특별한 펌프 없이 물이 순환한다는 점인데, 빌라의 정원이 언덕처럼 기울어져 있어 자연적인 순환이 가능하다고 한다. 반려견도 정원뿐만 아니라 빌라 실내에도 출입이 가능하다.

#18
아인이의 발걸음은 명랑한 알레그로, 내 마음은 편안한 아다지오

로마 시내를 누비는 아인이의 발걸음을 보니 경쾌하면서 빠른 '알레그로allegro' 템포가 떠올랐다. '템포tempo'는 음악의 빠르기를 나타낼 때 사용되는 '시간'을 의미하는 이탈리아 말이다. 이탈리아에 머무는 동안 내내 아인이의 발걸음은 경쾌한 알레그로, 내 마음은 차분하고 편안한 아다지오adagio의 속도를 유지하고 있었다.

우리나라에서는 반려견 동반 관련 표지판이 없는 곳에 아인이와 동행할 때면 언제나 긴장부터 했다. 혹시나 강아지를 싫어하는 사람이 있지는 않을지, 누군가 불편한 시선으로 바라보지는 않을지, 아인이를 품에 안아 들고서 내내 조마조마한 나머지 심장이 빠르게 쿵쾅쿵쾅 프레스토presto 속도로 뛰었고 발걸음은 떨어지지 않고 정지fermata 상태로 머물러 있었다. 우리나라는 늘어나는 반려가족의 수만큼이나 '펫혐오'가 심하기에 나 스스로 예민하다고 느낄 만큼 항상 긴장의 연속이어야 했다. 하지만 이탈리아에서는 타인의 시선에서도, 실내 출입에서도 자유로워질 수 있었기에 내 발걸음은 경쾌한 알레그로, 심장은 아다지오 속도로 뛰고 있었다.

아침부터 판테온이 한눈에 보이는 카페에 자리를 잡았다. 아름다운 건물이 한눈에 보이는 자리에 앉으니 이곳의 여유를 나 혼자 다 가진 듯한 기분이 들었다. 그 누구의 눈총도 받지 않는 이곳에서 내 시간은 편안한 아다지오의 속도로 흘러가는 것만 같았다. 문득 예전에 보았던 반려견과 함께 아침 카페에 앉아 있는 현지인의 모습이 떠올랐다.

'내가 꿈꾸던 모습을 이렇게 너와 함께하게 되다니.'

테르미니 슈퍼에서도 현지인들이 반려견과 함께 쇼핑을 하고 있었다. 나는 잔뜩 기대를 품고 반려견용품 코너에 들렀다. 우리나라보다 반려견을 더 많이 키우고 있고 그 역사가 오래됐음에도 반려견용품과 사료의 종류가 한국에 비해 현저히 적은 데다 가격 또한 저렴했다. 내 주변인은 사료를 고를 때 성분이 좋기만 하다면 다소 비싼 가격을 감수하고 구입을 한다. 우리가 반려견을 사랑하는 마음은 분명 부족하지 않을 것이다. 이탈리아 사람들과 반려견을 사랑하는 방법이 다른 것일까? 우리는 어쩌면 돈을 쓰는 것과 사랑을 주는 것이 비례한다고 생각하고 있을지도 모른다. 혹은 돈을 투자하는 것 이외에 사랑을 주기 힘든 현실에 처한 것 아닐까? 우리가 줄 수 있는 사랑에 한계가가 있다는 사실이 그저 안타까울 따름이었다.

SNS를 통해 서로 알게 된 한국인 반려견 보호자를 만나기 위해 리나센테 백화점으로 향했다. 백화점에 반려견이 입장할 수 있다는 이야기를 듣고 그곳에서 만나기로 했는데 막상 도착하니 백화점 입장이 낯설어 선뜻 들어설 수 없었다. 약속장소로 곧장 가지 못하고 건물 밖을 빙 돌아 입구에 도착해보니 마침 만나기로 했던 한국인 부부와 고운 자태를 뽐내는 푸들 '모찌'가 있었다. 그 모습을 보고 그제야 나도 아인이를 가방에서 내려주었다. '여기선 우리도 당당하게 들어갈 수 있잖아?' 경쾌한 발걸음으로 백화점에 들어섰다. 이제 우리의 발걸음도 경쾌할 수 있었다. 알레그로!

모찌가 아인이를 보고는 놀고 싶었는지 백화점 안에서 살짝 짖었다. 그러자 직원들이 가까이 다가왔는데 이들의 눈에는 아인이와 모찌의 '인사놀이'가 귀여웠는지 조금의 제지도 없이 바라보기만 했다. 이들의 눈에는 짖거나 뛰어노는 반려견이 귀찮지 않은 모양이었다.

우리는 반려견 동반이 가능한 루프탑 카페에 들렀다. 우리나라에도 반려견이 입장할 수 있는 쇼핑몰이 있다고 해서 방문한 적이 있는데, 들어갈 수 있는 매장이 몇 군데 안 되고 식사조차 할 수 없어 벤치에 앉아 커피만 마시고 돌아온 적이 있다. 결국 반려견 동반 쇼핑이 제한적인 데다 식사를 할 수 없기에 아무런 의미가 없는 셈이다. 그래서 아인이와 백화점 안 카페에 들어올 수 있다는 사실이 너무나 신기했다.

'모찌' 보호자 부부와 이야기를 나눠보니 이탈리아는 어디든 함께 입장할 수 있어서 일상생활을 함께할 수 있는 데다 대부분의 사람들이 반려견을 반기는 분위기여서 반려견과 동행한다는 이유로 마음 상하게 될 일은 전혀 없다고 했다. 한번은 백화점 명품매장에서 모찌가 어린 시절 소변 실수를 해서 너무나 난감했던 적이 있는데, 사람들은 어린 강아지가 실수할 수 있다며 귀엽게 봐줄 정도라고 했다.

  부부의 이야기를 들으며 이탈리아는 반려견을 키우기 참 편한 곳이라는 생각이 들었다. 그리고 솔직히 나는 자꾸만 한국과 비교하게 되면서 부러운 마음과 속상한 마음이 교차했다. 최근 반려견 간식에 못을 박아 뿌리는 혐오사건들, 몇몇 예의 없는 보호자로 인해 무조건 싸잡아 욕을 들어야 했던 일들. 거리에서 만나는 많은 사람들이 반려견을 예뻐하고 반가워해주지만 멀리서 보이기만 해도 욕을 하며 다가오는 사람들도 많다. 하지만 그것은 내가 마주해야 할 어쩔 수 없는 나의 현실이고 반려가족이 감당해야 할 몫이었다.

  이후로도 백화점에서 쇼핑에 동행하는 반려견을 종종 볼 수 있었다. 차분하게 주인과 동행하는 반려견을 보면서 '유럽 반려견이 우리나라 반려견보다 의젓하다'는 어떤 사람의 말을 실감할 수 있었다. 나 역시 여행 내내 담대해지고 당당한 눈빛을 한 아인이의 모습을 보면서 이곳의 반려견이 언제나 보호자와 함께할 수 있고 사람을 신뢰하기에 고독감과 불안을 느끼지 않고 그토록 차분한 것은 아닐까 하는 생각이 들었다. 한껏 성숙해진 아인이의 모습을 보니 함께 여행 오길 잘했다는 생각이 점점 확고해졌다. 반려견이 사랑받는 이곳에서 아인이의 발걸음은 늘 경쾌할 수 있었고 그 발걸음을 쫓는 내 마음도 그 어느 때보다 편안하고 행복할 수 있었다.

　침대에 누워 그동안의 여정을 쭉 되새겨보았다. 여행 내내 알레그로 스텝 같던 아인이의 명랑한 발걸음도, 편안한 내 마음도 그리워질 것만 같았다. 앞으로 펼쳐질 함께하는 삶도 아인이의 경쾌한 발걸음 같았으면……. 나는 아인이를 꼭 끌어안은 채 잠이 들었다.

"오늘 처음으로 백화점 명품관도 걸어봤어요. 사람들이 저를 값비싼 명품보다 더 귀하게 대해줬어요. 우리는 소중한 존재군요."

이탈리아 여행을 하며 평소보다 활기찬 모습의 아인이를 보면서 어쩌면 이 작은 녀석에게도 여행이 필요했던 것이 아니었을까 하는 생각이 들었다. 아인이가 꽃향기를 맡으며 거리를 거닐던 순간, 바다를 우수에 찬 눈빛으로 바라보던 순간, 거리 악단의 연주를 감상하거나 아이스크림을 먹어보며 새로운 맛에 눈떴던 순간들과 사람들의 따뜻함을 느끼며 안정을 취하던 수많은 순간을 떠올리며 여행지에서의 새로운 경험이 아인이에게도 행복한 기억으로 남았길 바란다.

#19
우리도 서서히 변하고 있다

    이탈리아에서의 마지막 날은 이른 아침부터 시작됐다. 비행할 때까지 배변을 마치도록 아침 일찍 마지막 사료를 줬다. 여행은 막을 내렸어도 아인이의 비행준비는 이제 시작이었다. 공항으로 떠나기 전 찾은 나보나 광장은 마지막이기에 더욱 매력적이었다. 테라스가 있어 마음 놓고 반려견과 함께 식당을 방문할 수 있을 뿐만 아니라 멋진 경치를 둘러싼 따뜻한 햇살과 맑은 하늘, 악단의 음악소리 그리고 커피 한 잔이 조화를 이루며 사람들에게 행복감을 선사했다.
    로마와 작별할 시간이 다가왔다. 숙소에 맡겨둔 짐을 찾은 뒤 우리는 공항 셔틀버스 정거장

댕댕이 친구들! 이탈리아 여행가개!

으로 향했다. 아인이는 이동가방에서 허리를 쭉 빼고 거리의 풍경을 즐기고 있었다. 나도 아름다운 풍경을 조금이라도 더 눈과 마음에 담으려 노력했다.

　공항으로 가는 버스에서 그동안의 여행을 쭉 돌이켜보았다. 잠을 자지 못해 힘겹게 로마 시내를 걸었던 첫 날부터 금빛 노을의 베네치아와 피사의 사탑, 눈부신 햇살과 아름다운 친퀘테레의 바다, 싱그러움을 담고 있던 티볼리, 그리고 내 곁을 지키며 함께한 아인이와의 시간에 감사했다. 아인이와 함께한 여행은 잘한 선택이었을까? 지금까지는 그 어느 때보다 행복한 시간을 보냈지만 우리가 한국에 무사히 도착해 일상으로 돌아간 뒤에야 판단할 수 있는 일이었다. 그래도 한 가지 확실한 것은 아인이와 함께한 이번 여행이 결코 무의미한 '개고생'은 아니라는 것이었다. 든든하게 내 곁을 지켜주는 아인이를 통해 여행을 하며 사람들을 만나고 그 덕에 이탈리아의 반려견 문화에 슬쩍 젖어보기도 했다. 그 새로운 경험이 나를 조금은 성장시킨 것만 같았다. 이제 '건강하게 귀국하기', 마지막 버킷리스트를 남겨두고 있었다.

　공항에 도착해 체크인 카운터에 줄서 있는 한국인들을 보니 벌써 한국에 도착한 것만 같아 아인이를 조심스레 가방 안에 넣었다. 체크인 후 반려견 동반 비용을 지불하러 이탈리아 직원을 따라갔는데 그녀가 갑자기 내가 왜 아인이를 바닥에 내려놓지 않는지 물었다. 혹시나 공항에 실례를 할까 봐 걱정이라고 했더니 "에이, 괜찮아요"라는 대답이 돌아왔다. 한국에서는 상상할 수 없는 일이라고 말했더니 "우리는 아직 이탈리아에 있어요"라며 웃어 보였다. 나는 반려견 요금 175유로(약 200달러)를 지불하고 다시 카운터로 가서 항공권을 발급받았다. 이제 정말 이탈리아와 작별이었다. 그렇게 우리는 출국장 검색대를 통과했다.

  탑승을 기다리는 그 짧은 순간에도 반려견을 몇 년 전 하늘로 보낸 모녀와 대화를 나누었고, 국내 여행을 반려견과 함께 하고 싶어 몰래 호텔에 숨겨 들어갔다는 가족을 만났으며, 반려견을 두고 홀로 여행을 떠나와야 했던 의류디자이너의 이야기까지 들었다. 우리나라가 반려가구 100만 시대라는 말이 실감이 되는 순간이었다. 이토록 많은 사람들이 반려견을 진심으로 아끼고 있다는 사실에 놀랄 수밖에 없었고 그럼에도 불구하고 반려견과 함께 선뜻 집 밖으로 나오지 못한다는 사실이 안타깝게 느껴졌다.

  나는 한국을 떠났던 그날과는 달리 기내에서 천천히 자리를 찾아 앉았다. 내 옆으로 한 자리 건너 앉은 사람이 약간 불편한 내색을 내비쳤지만 잠시 후 반려견을 좋아하는 승객이 그 사람과 자리를 바꾸어주었다. 그녀는 아인이를 보고 싶다며 꺼내볼 수 있는지 물었지만, 비행을 하는 동안 반려견을 꺼내지 않겠다고 서약을 했기에 정중히 거절했다. 가끔은 나 자신이 너무 고지식한 게 아닌가 싶기도 하지만 나 하나 때문에 다른 보호자들이 손가락질을 받게 되면 안 될 일이었다. 잠시 후 비행기가 이륙을 준비하며 출발선에 멈춰 섰다. 바퀴가 움직이기 시작했다. 바퀴가 점점 빠르게 움직이며 굉음을 만들어냈고 몇 초 뒤 몸이 붕 뜨는 느낌이 들었다. 그 순간 나는 우리가 이곳에 다시 오게 될 날이 있기를 간절히 바랐다.

한국행 비행은 로마행 비행과는 달랐다. 지난 비행에선 걱정이 앞선 나머지 잠을 이루지 못했지만, 이번만큼은 안도감과 행복감 그리고 아주 조금의 아쉬움이 내 마음을 진정시켰다. 게다가 옆 좌석에 앉은 사람이 반려견을 좋아했기에 마음이 편했다.

아인이도 지난번과 같이 가방 안에서 편히 쉬었고, 이동가방 지퍼 틈새로 넣어주는 사료와 얼음도 잘 받아먹었다. 이제 우리는 모든 일정을 뒤로하고 마지막 검역 절차만을 남겨두고 있었다. 이탈리아에 도착했던 날이 어제 일인 것 같았다. 꿈처럼 순식간에 지나가버린 이탈리아에서의 아름다운 순간들을 우리는 예쁘게 추억할 것이다. 그렇게 아인이와 나는 다시 천천히 집으로, 지구 반 바퀴를 돌아 일상으로 돌아가고 있었다.

내 마음이 전해졌는지 아인이도 편안히 휴식을 취하며 비행시간을 보냈다. 중간에 기체가 많이 흔들렸지만, 아인이는 소리 한 번 내지 않았다. 이번에도 사람들은 개가 비행기에 탑승했다는 사실을 눈치 채지 못했다. 우리는 그렇게 너무나 편안히 한국으로 귀국했다. 나는 하차하고 나서 바로 아인이 가방의 지퍼를 열었고 사람들은 신기하고 기특하다는 듯 바라보았다. 이럴 땐 내 새끼지만 너무 대견해서 대놓고 칭찬하고 자랑하고 싶은 마음이다.

비행기에서 내리자마자 우리는 자동입국심사대를 빠르게 통과해 수하물을 찾으러 갔다. 수하물 찾는 곳 한편에는 대형견 케이지가 차곡차곡 쌓여 있는 것이 보였다. 케이지가 천으로 가려져 있어 반려견들이 편히 휴식을 취하며 보호자를 기다리고 있었다. 분리불안 훈련만 잘 되어 있다면 반려견도 보호자 없이도 편안한 비행이 가능할 것이라는 생각이 들었다.

마지막으로 검역소에 들러 서류를 제출하고 입국장을 나서기 전 세관신고서(검역소에서 도장을 받는다)를 제출하니 모든 검

역 절차가 끝났다. 우리는 공항을 빠져나와 공항리무진 버스 정류장으로 이동했다. 아인이는 조금 긴장한 듯 코를 씰룩이며 냄새를 맡았다. 차가운 한국 공기를 느꼈던 것일까?

공항버스에 타려고 캐리어를 넘기는데 운전기사가 아인이를 달라며 손짓했다. 아인이를 버스 밑 화물칸에 넣으라는 것이었다. 순간 내가 잘못 들은 것은 아닌지 귀를 의심했다. 그동안의 여행으로 나도 조금은 변한 것일까? 이탈리아에 다녀오기 전이었다면 긴장하거나 당황하며 어찌할 줄 몰랐을 텐데, 왠지 모르게 스스로가 성장한 것만 같았다. 마음에 여유가 생겼다.

"생명이잖아요."

난 기사아저씨를 여유롭게 바라보며 아인이와 함께 버스에 올라탔다. 왠지 내 마음이 한층 더 단단해진 것 같았다. 더 이상 '강아지를 키운다는 사실'만으로 주눅이 들 필요도, 당황할 필요도, 사과할 필요도 없었다. 눈에 띄는 변화는 적지만 반려동물과 함께하는 사람들이 많아지고 있기에 분명 우리도 서서히 달라질 거라는 생각이 들었다. 그리고 언젠가 큰 변화의 물결은 찾아올 것이다. 다만 우리가 편안히 동행하는 날이 올 때까지는 조금 지루한 기다림이 이어질 것 같다.

4. 또 만나요, 이탈리아

#20
다시 시작된 일상

　우리는 아무 일 없듯 일상에 적응했다. 여행에서 돌아온 다음 날, 아인이가 그 어느 때보다 건강하다는 의사선생님의 소견을 들은 뒤 우리는 공원을 향해 질주했다. 공원에는 아인이의 그리운 친구들이 모여 있었다. 아인이는 마치 아무런 일도 없던 것처럼 제자리를 찾아 돌아갔다. 아인이가 조금은 의젓해진 것 같다는 사람들도 있었고, 나와 더 끈끈해진 것 같다는 사람들도 있었다. 사실 내게도 변화가 찾아왔다. 나는 더 이상 아인이와 함께하면서 위축되지 않았다. 이제는 가슴을 펴고 당당할 수 있다.
　지금 생각해보면 아인이와 여행했던 순간이 꿈만 같다. 힘들었던 시간도 있었지만 그 시간과 함께 만들어간 추억 하나하나가 너무나도 소중한 보물이 되어버렸다. 너무나도 평범하게 느껴지는 지금 이 순간도 언젠가는 꿈처럼 느껴지는 날이 분명 찾아올 것이다. 그때를 위해 지금 주어진 우리의 시간을 후회 없이 보내고 싶다. 인생도 하나의 여행이라는 말이 있듯 반려견과 함께하는 매 순간도 여행처럼 소중한 시간이다. 이번 여행은 아인이와 함께하는 순간의 소중함을 알게 된, 반려견의 보호자로서 진정으로 필요한 여행이었다.

하지만 일상에 푹 젖어들다 보면 언젠가 눈앞의 행복을 집에 돌아와서야 찾은 파랑새 이야기처럼 행복을 눈앞에 두고도 잊어버릴 수 있다. 그땐 또다시 아인이와 함께 여행을 떠날 것이다.

에필로그

아인아,
다음 여행은
내친김에 세계일주!

  우리의 여행은 어느새 순식간에 추억 속 이야기가 되어버렸지만 아인이와 함께한 순간은 아주 생생히 기억난다. 이탈리아에서 함께 느낀 바람, 햇빛, 온도, 그리고 아인이 얼굴 위로 살포시 드리운 그림자마저도. 그리고 이 모든 것을 완벽하게 만들어준 이탈리아 사람들의 미소. 모든 것이 따스하게 기억으로 남아 있다.

  반려견을 향한 시선의 온도차. 이탈리아 사람들은 따스한 미소, 손길 그리고 부드러운 말들로 언제나 반려견을 기호와 개성이 있는 하나의 생명체로 존중하고 이들의 의사표현에 귀를 기울여주었다. 반려견과 자연스럽게 소통하는 모습에 나는 매번 감동을 받았다.

댕댕이 친구들! 이탈리아 여행가개!

이번 여행은 지금까지의 여행과는 달랐다. 멋진 풍경과 유적지를 방문하기 바빠 그때 느껴지는 감각에 집중할 수 없었다면, 이번에는 내 동행인 아인이의 눈높이에 맞춰 내 모든 감각을 열어두었던 탓일까? 아인이가 느낄 법한 모든 감각과 순간순간이, 눈이 부시던 햇살이, 눈앞에서 톡 터지던 비눗방울의 향기가, 골목에 드리운 그림자가 만들어내는 시원한 바람이 너무나 생생하게 남아 있다. 평소에는 의미 없이 흘려버리던 순간을 즐거운 감각으로 채우고 기억하도록 해준 작은 존재. 여행을 하면 할수록 아인이가 참 호기심이 많다는 것을 알 수 있었다. 생소한 것을 보고 듣거나 새로운 냄새를 맡으면 무엇인지 알아내고 싶다는 표정으로 그것을 뚫어져라 바라보며 고개를 갸우뚱거리곤 했고 호기심이 해결되면 무심하게 다시 가던 길을 가고는 했다. 아인이가 새로운 경험을 꽤나 즐거워하고, 그 경험을 통해 나날이 성숙해지고 있는 것만 같았다. 아인이도 여행을 즐기고 있는 게 틀림없었다.

여행준비가 쉽지는 않았다. 그러나 아인이를 두고 홀로 떠난 여행에서 '지금 이곳에 나의 반려견과 함께라면 얼마나 좋을까?', '지금 나의 반려견은 무엇을 하고 지낼까?'와 같은 생각으로 가득한 반쪽짜리 행복을 주는 여행은 하고 싶지 않았다. 이번만큼은 나의 가족 아인이와 함께하고 싶었지만 막상 준비를 시작하니 혼자 준비해야 할 서류도 막막한 데다 어디서부터 시작해야 할지 정보가 터무니없이 부족했다. 서류발급 대행업체를 통해서 알아볼까 하다가 아인이를 패키지여행 가듯 보내고 싶지 않아 일일이 찾아보았다.

반려견 동반 여행이 익숙하지 않아 '개고생을 사서 했다'라는 생각이 들 정도로 며칠은 몸이 고단했다. 여행을 해도 될 정도로 건강하다는 의사선생님의 소견을 들었음에도 여행을 마칠 때까지 혹시나 내 욕심 때문에 아인이까지 '개고생'을 하는 것은 아닐지 걱정도 했었다. 하지만 며칠 사이 여행의 요령이 생겨 내가 '사서 한 개고생'이 다른 여행에도 수반되는 고생과 별반 다르지 않다는 것을 깨닫게 됐다. 이 정도는 아인이와 함께한 행복에 비하면 아무것도 아닌 것이다.

'개는 집에 있는 것이 최고다'라는 말은 맞을 수도 있다. 하지만 홀로 남겨진 반려견의 슬픈 눈망울에 발걸음이 떨어지지 않았던 보호자라면 한 번쯤 이 말을 의심해보았으면 한다. 티볼리에서 만났던 앰버의 실종된 반려견 아우레아가 찾아 나선 것은 무엇일까? 안락한 집을 버리고 그토록 찾아 헤맨 것은 무엇일까? 아우레아에게 있어 집이란, '공간'이 아닌 '가족의 품, 앰버'가 아니었을까?

  요즘 난 아인이가 멍하니 허공을 보거나 무엇이든 시시하다는 듯 표정을 지을 때면 혹시 지난 이탈리아 여행의 추억에 빠져 있는 건 아닐까 하는 상상을 하곤 한다.

"너와 함께라면 개고생도 상관없어.
댕댕이 여행자 아인이. 세계일주 갈까?"

  언젠가 우리는 또 다른 곳에서 아름다운 순간을 함께할 것이다.

강채희 · 아인이

부록

반려견 동반 해외여행 체크리스트

서류발급부터
귀국까지 총정리

사람이 해외여행을 할 때 여권이 필요하듯이 반려견에게도 신분증이 필요하다. 신분증을 대신할 검역확인서를 발급받기 위해서는 준비해야 할 서류가 있다.

- 마이크로칩 삽입
- 광견병 예방주사
- 광견병 항체가 검사

- 건강검진서
- EU 부속서류
- 광견병 항체가 검사 확인서

서류를 발급받기 전
반드시 위 세 조건을 충족시켜야 한다.

1. 마이크로칩 삽입

ISO 규격에 맞는 마이크로칩을 삽입해야 한다. 규격에 맞지 않는 칩을 삽입해 다시 삽입해야 하는 경우도 더러 있다.

댕댕이 친구들! 이탈리아 여행가개!

2. 광견병 예방접종

광견병 예방접종은 반드시 마이크로칩을 삽입한 뒤에 실행한다. 예방주사가 마이크로칩 삽입에 선행되어서는 안 된다.

3. 광견병 항체가 검사

광견병 예방접종 이후 30일, 즉 한 달 뒤 항체가 검사가 가능하다. 항체가 검사는 검사 결과가 나올 때까지 약 2~3주가 소요되며 채혈을 한 병원에서 광견병 항체 증명서를 수령할 수 있다. 채혈한 일자로부터 90일이 경과해야만 출국이 가능하다. 항체가 검사를 통해 광견병 예방접종 수치(0.5 IU/㎖)를 넘어 항체가 생성되었을 경우에만 출국이 가능하기 때문에, 검사 수치가 정상으로 나왔다는 가정 하에 광견병 예방주사를 맞고 최소 120일이 경과해야만 여행을 떠날 수 있다. 그래서 여행 준비기간을 최소 4달로 잡는 것이다.

여기에서 유의할 점은 광견병 주사의 유효기간이다. 반드시 유효기간 이내에 여행을 마치고 돌아와야 한다. 출국하는 당일 광견병 주사의 유효기간이 만료되지 않았다 하더라도 귀국 시 유효기간이 만료되어 있다면 따로 계류검역을 받게 될 수 있다. 항체가 검사는 가까운 병원에서 진행할 수 있으며, 병원마다 검사 비용이 다르니 비용을 비교해보고 선택하면 된다.

항공권과 숙소를 예약하기 전, 항체가 검사 결과를 확인할 것을 권한다. 항체가 검사 수치가 정상으로 나오지 않을 경우 광견병 접종을 한 뒤 다시 한 번 항체가 검사를 해야 한다. 항공권을 미리 구입한 뒤 정상 수치가 나오지 않으면 예약을 변경하거나 항공권과 숙소를 취소해야 한다. 그러므로 미리 항체가 검사 결과를 확인한 뒤 예약을 진행할 것을 권한다.

4. 항공권 예매

항공권을 예매하기 전에 해당 항공사에 전화해 출입국을 원하는 날짜에 반려견 동반 탑승이 가능한지 문의해야 한다. 기체당 반려견 동반 탑승 가능한 개체수가 지정되어 있기 때문이다. 항공권을 예매하면서 반려견 동반 탑승을 신청하고 그로부터 24시간 후에 항공사에 전화해 탑승 승인을 확인해야 한다.

5. 숙소 예약

숙소를 찾을 때는 검색조건에 반려견 동반 조건으로 숙소를 검색하면 된다. 반려견 동반이 가능한 숙소라 하더라도 예약한 뒤 동반 여부를 통보해야 한다.

6. 출국 서류 준비

내 반려견의 예방접종 기록이 있는 가까운 병원에서 건강검진서와 EU 부속서류를 준비하도록 한다. 서류는 10일간 유효하므로 너무 일찍 발급받지 않도록 한다. 출국을 10일 앞둔 시점부터 출국일 사이에 발급받도록 한다. 광견병 항체가 검사 확인서, 건강검진서와 EU 부속서류 양식은 농림축산검역본부 웹사이트에서(www.qia.go.kr) 받아보거나, 검역소에 전화해 양식을 메일로 받아볼 수 있다. 이 양식에 착실히 정보를 채워 넣으면 된다.

- 건강검진서 / EU 부속서류 / 광견병 항체가 검사 확인서

7. 검역소 방문(출국 당일)

출국 당일 우선 검역소에 방문해 아래의 서류를 제출하고 검역증명서를 발급받아야 한다.

- 광견병 항체가 검사 확인서 / 건강검진서 / EU 부속서류 / 출국자 여권 / 항공편 정보
- 수수료(10,000원)

필요 서류를 제출하면 검역관이 광견병 항체가 검사 확인서와 EU 부속서류, 건강증명서를 대조해 누락된 정보가 있는지, 서류에 오류가 없는지 확인한다. 서류상 이 모든 것이 확인되면 반려견의 목 뒤에 삽입된 마이크로칩을 트랜스폰더로 확인하고, 성별을 재차 확인한다. 모든 것이 일치하는 것이 확인되면 EU 부속서류에 검역관이 추가적 내용을 작성하고 스탬프를 찍은 검역증명서 원본과 사본을 준다. 검역관이 검역증명서와 부속서류 원본을 스테이플러로 찍어준다. 이 서류는 계속 보관해야 하며, 유럽여행을 할 때 동물여권 대신 쓰인다. 그리고 검역증명서 사본은 돌아올 때 제시하면 된다.

8. 탑승 수속(출국 당일)

검역서류를 발급받은 뒤 항공사 카운터에 방문해 탑승 수속을 완료하고 짐을 부쳐야 한다. 탑승 수속을 하면서 반려견과 케이지의 무게 그리고 가로 세로 높이와 같은 규격을 측정한다. 카운터에서 문서 두 장을 작성하는데, 하나는 반려동물의 종류, 출발일, 출발지, 도착지 등에 대한 정보를 기입해야 하는 서류이며, 다른 하나는 반려견을 기내에서 이동가방 밖으로 꺼내지 않겠다는 서약서이다. 이 두 문서를 작성하면 검역확인서류와 함께 사본을 동봉해 반려견의 케이지의 손잡이에 스테이플러로 부착해준다. **돌아올 때 이 검역 확인 서류가 반드시 필요하므로 서류는 절대! 버려서는 안 된다.** 도착한 뒤 필히 보관하도록 한다. 카운터에서 티켓처럼 생긴 요금 청구서를 건네준다. 반려견 추가 요금 지불 용도인데, 추가 요금 지불은 직원이 안내해주는 또 다른 카운터에서 하면 된다. 편도 20만 원을 지불했다. 돌아올 때는 175유로를 지불했다(약 200달러).

9. 출국심사

출국심사는 반려견을 동반하지 않는 상황과 동일하다. 다만 검색대에서 케이지 또한 검색해야 하는데, 그때는 반려견을 케이지에서 꺼내 함께 검색 게이트를 통과해야 한다.

10. 이탈리아 입국

입국 시 여권과 검역증명서와 EU 부속서류를 보여준다. 요구하지 않는 경우도 있다.

11. 이탈리아 출국

출국 시에는 별도로 이탈리아 검역소를 거칠 필요가 없다.

한국에서 발급해준 동물검역증명서(원본 사본 무관)와 검역소의 스탬프가 찍힌 EU 부속서류를 반려견 신분증으로 사용할 수 있다. 검역소에서 발급받은 서류(동물검역증명서, EU 부속서류)와 여권 그리고 항공권 e-ticket을 가지고 항공사 체크인 카운터를 방문한다.

서류 확인 후 체크인 카운터에서 반려견 요금 정산을 위해 반려견 동반 요금 고지서를 주는데, 고지서를 가지고 안내받은 장소로 이동해 요금을 지불하면 된다. 요금은 200달러에 해당하는 금액으로, 카드 계산과 현금 계산 모두 가능하다(현지통화로 175유로를 지불했다). 지불한 뒤 영수증을 가지고 다시 체크인 카운터로 가면 항공권을 발급해준다.

12. 대한민국 입국 후(인천공항에서)

반려견이 없을 때와 동일하게 입국장을 통과한다. 수하물을 찾는 곳 출구 바로 옆에 위치한 '동물, 식물, 수산물 검역'이라고 쓰여 있는 검역소에 들른다. 검역소에 들러 동물검역증명서와 EU 부속서류, 항체가 검사 증명서 그리고 여권을 제시한다. 검역소에서 이 서류를 확인한 뒤 반려견의 몸에 내장된 마이크로칩을 인식한다. '여행자 휴대품 신고서'의 5번 항목 '동물, 식물, 육가공품 등 검역대상물품 또는 가축전염

병발생국의 축산농가 방문'에서 '있음'에 체크를 한 뒤 제출하면 검역소에서 '여행자 휴대품 신고서'에 확인 스탬프를 찍어준다. 출구로 향하기 전 '여행자 휴대품 신고서'를 제출하면 반려견의 모든 절차가 끝난다.

비행기 완전 정복

항공사마다 기준이 다르니, 예약하는 항공사의 규정을 살펴보고 그에 맞게 여행을 준비하도록 하자.

항공권 예매(아시아나 기준)

1. 원하는 날짜의 항공권을 살펴본다.
2. 항공사에 전화해 반려견 동반 가능 여부를 확인한다. 다른 사람이 미리 예약해 반입 가능한 개체수가 초과한다면 반려견 탑승이 불가능하다(성인 1명: 기내 탑승 1마리, 수하물 위탁 2마리).
3. 탑승 가능 여부가 확인되면 항공권 예매를 함과 동시에 항공사에 전화를 해 반려견 탑승 신청을 한다. 신청 승인은 24시간이 소요된다.

4. 국가/지역/기종별로 운송에 제약이 있을 수 있으므로 여행 전 예약 센터로 연락하여 운송 확약을 받는다. 신청 승인 후 24시간 뒤 항공사에 다시 한 번 확인 전화를 하면 된다(혹한기 나 혹서기에는 반려견 건강상의 이유로 수하물 위탁이 불가능할 수 있다).

5. 반려견 동반 요금은 출국 당일 편도로 결제한다. 귀국 당일에도 편도 요금을 현지에서 결제하면 된다.

※ 반려견을 동반한 탑승객은 온라인 체크인을 할 수 없다. 좌석은 항공사에서 배정해준다.

기내 탑승 케이지 규격

항공사마다 규정이 다르기에 반드시 사전에 문의해야 한다. 아시아나 항공의 경우 반려견과 케이지의 무게가 7kg을 초과하면 안 된다. 길이 넓이 높이의 합이 115cm를 초과해선 안 된다. 또한 앞 좌석 아래에 케이지를 넣어 이동해야 하므로 하드케이지를 사용할 경우 높이가 21cm를 초과해선 안 되며, 소프트케이지의 경우 26cm를 초과해선 안 된다. 양쪽을 펼칠 수 있는 케이지를 추천한다.

L+W+H 〈 115cm / 하드 용기: H 〈 21cm / 소프트 용기: H 〈 26cm

수하물 케이지 규격

운반 용기를 포함한 동물의 무게가 45kg 이하이고 운반 용기의 3면 길이의 합이 285cm, 높이 84cm 이하여야 한다. 케이지에는 잠금 장치가 장착되어 있어야 하며, 바닥이 밀폐되어 있어야 한다. 운반 용기는 금속, 목재 및 플라스틱 등 견고한 재질이어야 한다.

반려견 기내 탑승 팁

1. 이륙 전

반려견이 비행 시 배변욕구를 느끼면 비행이 고통스러워질 수 있다. 그러므로 비행 전 모든 배변을 마치도록 유도한다. 언제 배변을 하는지 파악한 뒤 비행 전에 배변을 마칠 수 있도록 사료를 급여한다. 소변의 경우 도착한 뒤 공항 밖에서 해결하고 비행기 출발 시각까지 물을 급여하지 않는다. 기내용 가방에 배변패드를 깔고 반려견에게 기저귀를 채운다.

2. 이륙 후 기체 내에서

배변 때문에 긴 비행시간 동안 반려견에게 식사와 물을 아예 급여하지 않을 수는 없다. 사료나 간식을 이륙 후부터 조금씩 나눠 기내용 가방에 넣어준다. 수분 보충을 위해 물을 급여하는 대신 얼음을 깨서 가방에 넣어준다. 강아지들은 얼음을 먹으며 수분을 천천히 보충함과 동시에 가지고 놀면서 심심함을 달랠 수 있다. 오래 씹을 수 있는 우드스틱을 준비하면 무료함을 달랠 수 있다.

반려견을 위탁할 경우

보호자 없이 반려견을 기체에 탑승시키는 일은 걱정되는 일이다. 혹시 모를 상황을 대비하고 안정감을 주기 위해 평소에 사용하던 담요를 준비해둔다. 우선 기내 탑승을 할 때와 같이 배변 시간을 계산해 반려견을 위탁하기 전에 배변을 해결하도록 한다. 케이지에는 배변패드를 깔아준다. 반려견이 이동하면서 오랫동안 먹을 간식거리(우드스틱)와 심심함을 달랠 장난감을 넣어주도록 한다. 노즈워크 장난감에서 간식이 잘 나오지 않도록 난이도를 높여 넣어주면 장난감을 가지고 놀며 시간을 보낼 수 있다.

숙소 예약

숙소를 예약할 경우 tripadvisor, airBNB, Hotels.com, www.bringfido.com 등과 같은 사이트를 이용한다. 이 웹사이트 또는 애플리케이션에서 반려견 동반 옵션을 선택한 뒤 검색하면 반려견 동반을 허용하는 숙소를 손쉽게 찾을 수 있다.

호텔 예약

반려견 동반 검색 조건으로 검색한 뒤 예약을 진행한다. 그리고 호텔에 연락해 반려견 동반 여부를 메일로 확인한다. 반려견을 동반할 경우 추가 요금이 발생할 수 있으므로 예약정보를 꼼꼼히 확인한다. 또한 반려견을 허용하면서도 개체수나 크기를 제한하는 호텔도 있으므로 개체수와 크기를 메일에 밝히도록 한다.

AirBNB 예약

에어비앤비를 이용할 때 손님은 호스트와 직접적으로 연락을 해 예약을 진행한다. 그러므로 예약할 때 반려견 동반 사실을 알리면 된다. 에어비앤비는 호스트가 일방적으로 예약을 취소할 수 있기 때문에 호스트에 대한 평가를 미리 읽어보도록 한다.

반려견 동반 호텔 사이트 (www.bringfido.com)
이 사이트에서는 반려견 추가 요금 여부, 반려견 개체수, 동반 가능한 반려견의 크기를 우선적으로 확인할 수 있다.

짐 꾸리기
반려견을 동반할 경우에는 반드시 여행지의 날씨와 기온을 체크하고 그곳에 맞는 옷을 준비함으로써 불필요한 짐을 최소화하는 것이 좋다. SNS를 이용해 최근 사진을 살펴보면 대략적으로 어떤 옷을 챙겨야 하는지 감을 잡을 수 있다.

반려견 물품
- **사료**: 여행 중에 급여할 사료와 간식을 넉넉히 준비한다.
- **상비약**: 환경변화에 따른 감기와 설사를 대비하도록 한다.
- **옷**: 반려견이 병이 나지 않도록 따뜻한 옷 몇 벌과 비에 젖지 않도록 우비를 준비하도록 한다.
- **반려견 가방**:
  1) 기내용 가방: 확장 가능한 것이 좋다. 그래야 반려견이 비행을 하는 내내 몸을 뻗어 편히 쉬며 갈 수 있다.
  2) 일반 이동용 가방: 이동가방은 보호자가 평소에 잘 사용하는 것을 사용하면 좋다. 단, 기차를 탈 때를 대비

해 머리까지 덮을 수 있는 가방을 선택하는 것이 좋다.
- **리드줄, 목줄:** 세탁 및 고장을 대비해 여분을 각각 하나씩 챙긴다.
- **배변패드 및 기저귀:** 비행과 실내 배변에 대비해 기저귀와 배변패드를 준비한다.

병원정보 검색 및 상비약

숙소와 가까운 동물병원을 알아두면 좋다. 증세가 심각한 경우에는 병원을 찾아갈 수 있도록 미리 지도에 저장해두도록 한다.
구글맵에 '지역명 + Veterinario' 또는 '지역명 + veterinary'을 검색해두고 저장해둔다.

이탈리아 대중교통 탑승법

지하철/버스 metrebus 티켓 구입법
지하철역에서 티켓은 자동판매기로 구매하면 된다. 버스 정류장에서는 근처에 음료수, 잡지, 신문, 사탕 등을 판매하는 매점을 찾아볼 수 있는데, 매점에 T라고 쓰여 있는 푸른 간판이 달려 있다. 그곳에서 버스 티켓을 구입하면 된다. 또는 'myCicero'라는 애플리케이션을 통해 구입할 수 있다.

티켓의 종류	
1회권 100분	1.5 euro
CIS 7일권	24,00 euro
Roma 24h 24시간권	7,00 euro
Roma 48h 48시간권	12,50 euro
Roma 72h 72시간권	18,00 euro
반려견의 버스와 메트로 이용방법	
일반 탑승권을 구매할 시 탑승이 가능하다. 시각장애인 안내견은 무료로 탑승할 수 있다. 소형견과 중형견은 목줄과 입마개를 하면 탑승 가능하다. 버스와 열차에 최대 2마리의 반려견이 탑승할 수 있다. 반려견은 첫 번째 칸과 마지막 칸에 탑승할 수 있다.	

이탈리아 기차 타는 방법

필요 서류

반려견의 탑승권을 구매할 때 경우에 따라 신분증(반려견 여권)을 제시해야 한다. 반려견 여권 대신 검역서류를 신분증으로 사용할 수 있다.

탑승 규정

1. 이동가방을 사용할 경우

반려견 이동가방 규격: 70 x 30 x 50 cm 미만

반려견 이동가방에 들어갈 수 있는 소형견은 1등석과 2등석에 무료로 탑승할 수 있다.

애견 이동가방은 1인당 1개로 제한한다.

2. 모든 크기의 개

Espressi, IC, ICN 열차: 입마개와 목줄을 착용한 모든 크기의 개는 1, 2등석에 모두 탑승 가능하다.

Regional 열차: 개는 연결통로에 머물거나 열차의 마지막 칸에 탑승한다.

단, 월~금 오전 7시에서 9시 사이에는 기본요금의 반액인 2등석 탑승권을 구입해야 한다.

반려견은 다른 승객의 탑승을 방해하면 안 된다. 다른 승객에게 방해가 될 경우 직원은 반려견과 보호자를 다른 장소로 이동시키거나 하차를 요구할 수 있다.

기차표 예매하는 방법

기차표는 역의 매표소나 역에 있는 자동판매기로 예매할 수

있다. 자동판매기의 선택사항에 '개'도 표시되니 잘 살펴보도록 한다. 카드 결제도 가능하다.

그 외에도 Trenitalia라는 애플리케이션에서 출발지와 도착지 그리고 날짜와 시간을 입력하면, 기차편을 찾아 예매할 수 있다. 트렌이탈리아 공식 홈페이지에서도 가능하다. 티켓을 출력하거나 휴대폰에 저장해서 사용해도 된다.

이탈리아 펫티켓과 규정

- 반려견과 공공장소에 동행할 시에는 반드시 1.5m 미만의 리드줄을 착용해야 한다. 착용하지 않을 경우 벌금이 부과될 수 있다.
- 별도로 목줄을 풀어두는 것이 허용되는 공원도 있다.
- 배변은 반드시 배변봉투에 담은 뒤 쓰레기통에 버린다.

댕댕이 친구들! 이탈리아 여행가개!

1판 1쇄 발행 2019년 7월 27일
글·사진 강채희·아인이

발행인 한동숙
디자인 한소리
펴낸곳 더시드 컴퍼니
출판등록 2013년 1월 4일 제 2013-000003호

전화 02-2691-3111 팩스 02-2694-1205
이메일 seedcoms@hanmail.net

ⓒ 강채희·아인이, 2019

ISBN 978-89-98965-20-4 13520

- 이 책의 판권은 지은이와 더시드 컴퍼니에 있습니다.
- 잘못된 책은 구입한 곳에서 바꾸어 드립니다.
- 이 책의 전부 또는 일부 내용을 재사용하려면 반드시 사전에 저작권자와 더시드 컴퍼니의 동의를 받아야 합니다.